Muéstrame tu Gloria

Muéstrame tu Gloria

Marco Barrientos

CASA
CREACIÓN

La mayoría de los productos de Casa Creación están disponibles a un precio con descuento en cantidades de mayoreo para promociones de ventas, ofertas especiales, levantar fondos y atender necesidades educativas. Para más información, escriba a Casa Creación, 600 Rinehart Road, Lake Mary, Florida, 32746; o llame al teléfono (407) 333-7117 en Estados Unidos.

Muéstrame tu gloria por Marco Barrientos
Publicado por Casa Creación
Una compañía de Charisma Media
600 Rinehart Road
Lake Mary, Florida 32746
www.casacreacion.com

Director de diseño: Bill Johnson

Visite la página web del autor: www.aliento.org

Library of Congress Control Number: 2013933904
ISBN: 978-1-62136-449-8
E-ISBN: 978-1-62136-453-5

Impreso en los Estados Unidos de América
13 14 15 16 17 * 7 6 5 4 3 2 1

Índice

Introducción

Capítulo 1

Capítulo 2

Capítulo 3

Capítulo 4

Capítulo 5

Capítulo 6

Capítulo 7

Agradecimientos

Este libro es el fruto del trabajo de muchas personas que aman a Jesús y le sirven de diferentes maneras, de acuerdo a los dones y llamados que han recibido de Dios. Por eso quiero decir muchas gracias a:

Danilo Montero, por su disposición a ser transparente para ayudarnos a entender la misericordia de Dios.

John Burns, por ser un reflejo del amor de Dios manifestado de una forma práctica.

Aquiles Azar, por inyectarnos e impartirnos fe para cambiar nuestra generación y brillar con la gloria de Dios.

Mike Fehlauer, por ayudarnos a entender lo fácil que es crecer en Cristo.

Larry Hill, por darnos ejemplo de transparencia, humildad y perdón.

Cuán agradecido estoy al Señor por la generosa disposición de estos amigos tan queridos que nos comparten su corazón en los capítulos de este libro y que nos ayudan a ver la gloria de Dios en sus muchas facetas.

Muchas gracias a:

Tessie Güell de DeVore, por creer en el mensaje que Dios nos ha dado para esta generación y decidir publicarlo.

Liz Edén, por haber sido una motivadora incansable y un motor muy importante para que este libro se hiciera realidad.

Gisela Sawin, por su trabajo incansable como editora de este material.

Todo el equipo de Casa Creación, por trabajar con excelencia para ampliar el alcance de nuestro ministerio en toda la tierra.

Todo el 'staff' de Amistad Cristiana Internacional y Aliento Producciones, por compartir fielmente la visión de los congresos Aliento del Cielo, de cuyo enfoque este libro es un fruto.

«Por tanto, nosotros todos, mirando a cara descubierta como en un espejo la gloria del Señor, somos transformados de gloria en gloria en la misma imagen, como por el Espíritu del Señor»
—*2 Corintios 3:18*

Dedicatoria

A mis padres,
Eduardo y Raquel Barrientos,
por darme ejemplo de integridad, fidelidad y dedicacion.

A mi esposa Carla,
y mis hijos Daniela y Marco,
por ser pacientes conmigo en este proceso de
transformación por la manifestación de la gloria de Dios.

Gloria

Gloria: «Expresión de la excelencia del carácter y la perfección de los atributos de Dios, hechos manifiestos en toda la Creación. Esta gloria se revela principalmente en Cristo, quien la muestra a los hombres; es apreciada en su nacimiento, su transfiguración, su muerte, su resurrección y ascensión.

En sentido absoluto sólo Dios es glorioso; sólo en Él existe la hermosura de la santidad. Sin embargo, se habla, con sentido relativo, de la gloria de los seres humanos, que es equivalente a su honor. Por haber sido hecho a imagen y semejanza de Dios, el hombre tiene gloria pero esta es efímera.

Gloria es también la ALABANZA que se le rinde a Dios, en reconocimiento de su grandeza, bondad y poder. En muchísimas partes de la Biblia se exhorta al pueblo de Dios a dar gloria a su nombre. Nuestra vida misma, como cristianos, debe ser para la gloria de Dios. El estado final de los redimidos se describe como participación en la gloria de Dios, como algo infinitamente superior a lo que experimentamos ahora.

La gloria de Dios se vio en el Antiguo Testamento principalmente en el tabernáculo, en forma de una nube resplandeciente, y en el templo.

En el Nuevo Testamento la fe es una condición indispensable para ver la gloria de Dios, la cual debe reflejarse incluso en los miembros y vidas humanas».

Nuevo diccionario ilustrado de la Biblia - Editorial Caribe

Introducción

Señor, ¡muéstrame tu gloria!

UNA DE LAS cosas más difíciles para el ser humano (y en especial para los hombres), es abrirnos y mostrar nuestras debilidades a los demás. Naturalmente, buscamos la forma de cubrir nuestras imperfecciones y justificar nuestros defectos, ya que deseamos que la gente tenga siempre el mejor concepto de nosotros. Pensamos que, si los demás se dieran cuenta de que no somos tan perfectos como se imaginan, no nos aceptarían de la misma manera. El temor al rechazo se convierte en el mayor obstáculo para acercarnos, abrirnos, y pedir ayuda cuando la necesitamos.

Desgraciadamente, esta forma equivocada de pensar en muchas ocasiones nos lleva a encubrir nuestro pecado y justificar nuestras ofensas en vez de exponernos y buscar la misericordia de Dios para nuestra situación.

Estoy seguro de que tú como yo, te has desanimado en algún momento de tu vida cristiana, pues te das cuenta de que ciertos aspectos de tu carácter aún no han cambiado, a pesar de llevar varios años en el camino del Señor. Te has esforzado por cambiar y lo único que has logrado es frustrarte aún más.

Déjame contarte brevemente cuál ha sido mi experiencia, y el porqué del libro que tienes en tus manos, cuyas páginas están llenas de esperanza, la esperanza de la gloria de Dios que cuando se manifiesta a nosotros, nos transforma para siempre.

Una experiencia de cambio

Todo comenzó hace 23 años, el día que le entregué mi vida a Jesucristo. La presencia de Dios llenó mi corazón y desplazó la angustia y la ansiedad que sentía. Esa noche, por primera vez en mucho tiempo, pude dormir tranquilo. Mi relación con Dios había sido restaurada y mi conciencia limpiada.

Sin embargo, esa experiencia fue tan sólo la entrada a una dimensión de vida totalmente diferente a la que yo estaba acostumbrado, en la cual los principios y leyes que la gobernaban eran muy diferentes a los que yo había aprendido hasta ese momento.

Durante siglos, a los latinoamericanos se nos enseñó a trabajar y a obrar para obtener nuestra salvación, a esforzarnos por corregir nuestros defectos y así convertirnos, a través de nuestras propias fuerzas, en buenos cristianos. Por esta razón, cuando encontramos una falla en nuestro carácter que por más que nos esforcemos somos incapaces de corregir, nuestra reacción nos lleva con frecuencia a frustrarnos, desanimarnos y pensar que nunca podremos ser libres de esa debilidad, o a encubrir nuestro pecado y justificarlo, enterrándolo en lo profundo de nuestra alma, donde no pueda afectar nuestra conciencia, y seguir viviendo una vida cristiana «normal».

En mi caso, muchas veces opte por lo segundo, siendo el enojo uno de estos pecados «justificables». Desde niño tuve problemas con mi temperamento impulsivo, de tal forma que aún mis hermanos me pusieron el sobrenombre «polvorita», aludiendo a la naturaleza explosiva de la pólvora. Cuando conocí a Jesús, gran parte de la violencia y agresividad que tenía fueron remplazadas por el carácter de Cristo. Sin embargo, aun después de muchos años de cristiano y de tener un ministerio aparentemente exitoso, continuaba batallando frecuentemente con explosiones de ira que lastimaban a la gente que me rodeaba.

Hace tres años Dios comenzó a resistirme. Sentí como si el Espíritu Santo hubiera dejado de caminar a mi lado y se hubiera puesto frente a mí, con su mano extendida diciéndome: «No podrás avanzar más hasta que me dejes tratar con la frustración que provocan tus explosiones de enojo». En su misericordia, Dios estaba mostrándome la raíz del problema. Por primera vez comprendí que la causa de mi irritabilidad eran las frustraciones no resueltas en mi interior. Al mismo tiempo, esas frustraciones surgían del fracaso en los esfuerzos por cambiarme a mí mismo, por ser santo en mis propias fuerzas. Finalmente me rendí y dije: «Señor, no puedo más. Dejo de luchar y me rindo ante ti. Si tú no me cambias seguiré siendo el mismo, seguiré frustrándome por mis fallas, seguiré teniendo arranques de ira y no podré dejar de lastimar a la gente que más amo». Básicamente, me entregué a la misericordia de Dios.

La gloria que transforma

¡Bendita paciencia, bondad y disposición de Dios para perdonar! Tan pronto como me humillé el Espíritu Santo volvió a guiarme a la verdad, y me llevó a la porción de la Biblia que narra cómo Moisés rogó a Dios que le mostrara su gloria (Éxodo 33:18). Moisés había visto muchas veces el poder de Dios, pero ahora anhelaba ver "la gloria de Dios".

Siempre me había llamado la atención la vida de Moisés. Él fue un hombre a quien Dios usó poderosamente, y a quien siempre recordaremos por haber sacado de Egipto a Israel con la vara del poder de Dios.

Sin embargo, aun cuando había visto muchas veces el poder de Dios operando a través de él, Moisés tenía terribles luchas en su interior.

En varias oportunidades me había identificado con él, específicamente por las dificultades que tuvo para manifestar el carácter de Dios en su vida en los tiempos de prueba y adversidad.

Medité acerca de cómo fue capaz aun de matar a un egipcio cuando vio que maltrataba a uno de sus hermanos (Éxodo 2:12) y de golpear con enojo la peña cuando Dios le había mandado que le hablara solamente (Números 20:8). Y sin embargo, después de haber visto la gloria de Dios, la Escritura definió a Moisés como el hombre más manso de la tierra (Números 12:3).

¿Cómo es posible que una persona pueda cambiar tanto? ¿Podrá un homicida iracundo ser transformado en el más manso de los hombres? La respuesta es un rotundo ¡sí! Moisés vio la gloria de Dios, y eso lo cambió para siempre.

Es por eso que el enfoque de este libro es «Muéstrame tu gloria» ya que entendemos que la revelación de su gloria y misericordia en la faz de Jesucristo brillando sobre nuestra vida, es lo único que puede cambiarnos. Entendemos que la vida cristiana no es sólo cantar, gozarnos y escuchar buenos mensajes el domingo en la congregación, sino ser transformados en nuestro interior, ser cambiados a la imagen de Jesús.

Hoy puedo dar testimonio de que la gloria de Dios me ha cambiado. Puedo decir que la misericordia de Dios me ha hecho libre y que, a pesar de que aún no soy perfecto, disfruto del gozo de su salvación y de una conciencia limpia. He dejado de pelear con mi carne y camino a la luz de su misericordia. ¡He visto la gloria de Dios en la faz de Jesucristo!

¡Benditas riquezas de la gloria de este misterio: Cristo en nosotros, la esperanza de gloria!

Te invito a que sigas leyendo las páginas de este libro con un corazón abierto. Permite que el Espíritu Santo te llene de nueva esperanza y fe. Pídele que abra los ojos de tu entendimiento para que puedas ver a Jesucristo lleno de gloria, lleno de misericordia y bondad, y que esa revelación te haga volver a creer que es posible ser completamente transformado a la imagen de Cristo.

«Por tanto, nosotros todos, mirando a cara descubierta como en un espejo la gloria del Señor, somos transformados de gloria en gloria en la misma imagen, como por el Espíritu del Señor».

—*2 Corintios 3:18*

Introducción

Padre Celestial:

Estoy maravillado de cuán bueno eres. Tu misericordia y tu paciencia para conmigo son más grandes de lo que puedo entender. Te doy gracias por mostrarme cuán dispuesto estás para perdonar a todo aquel que se acerca a ti arrepentido. Te pido que abras mis ojos para que te pueda ver tal y como tú eres, Dios de misericordia. Abre mi entendimiento a tu Palabra para comprender el compromiso de amor que has hecho conmigo por medio de Jesucristo, para perfeccionar la obra que has comenzado en mí. ¡No me dejarás a medias! Cuando recuerdo a Moisés, me lleno de esperanza. Señor, si tú lo pudiste cambiarlo a él, podrás cambiarme a mí también. Muéstrame tu gloria, oh Dios, y nunca volveré a ser el mismo.

Amén.

—*Marco Barrientos*

Capítulo 1

Cómo experimentar la presencia de Dios

por Marco Barrientos

«NO HAGAS ESTO, no hagas lo otro, no hagas aquello» no es la vida cristiana. Tampoco es un conjunto de reglas que hay que cumplir, ni una serie de actividades religiosas en las que hay que participar. La vida cristiana es muchísimo más que servicios, cultos o reuniones. Es mucho más que reglas de buen comportamiento.

Creo firmemente que la esencia de la vida cristiana son los encuentros que tenemos con Dios, que nos transforman de tal manera que no podemos seguir siendo los mismos. Una nueva naturaleza nos invade y se establece el gobierno de Dios en nuestro interior. Este cambio es tan sobrenatural y radical que no puede ser atribuido a ningún sistema, programa o esfuerzo humano, sino solamente a la intervención del Espíritu Santo.

Nuestra cultura cristiana moderna ha llegado a aceptar un sustituto para la verdadera plenitud espiritual a través de un activismo religioso que nos mantiene ocupados, pero que no nos satisface. Hicimos de la iglesia un «centro de actividades» en vez de un «punto de encuentro». Adoptado equivocadamente la mentalidad materialista que le da más importancia al «hacer» que al «ser», y por eso pensamos que mientras más actividades tengamos en la iglesia, mejores cristianos seremos.

En los grandes aeropuertos del mundo frecuentemente existen «puntos de encuentro» que son usados por los viajeros para encontrarse con sus seres queridos. Generalmente, ese «punto de encuentro» tiene como único propósito el de proveer un sitio geográfico en donde dos o más personas se pueden hallar. Así debe ser la congregación local, un punto de encuentro, de enlace, y no de activismo.

Un buen ejemplo es la iglesia subterránea en China. Durante décadas, la cantidad de creyentes en ese país ha crecido extraordinariamente, aun a pesar de la oposición y persecución del gobierno. Uno de los factores de crecimiento es que los cristianos en China no se enfocan en un edificio, como el centro de sus actividades cristianas, sino en las relaciones que cultivan, tanto con Dios como con sus hermanos. De hecho, en miles de aldeas no existe una iglesia formal, y sin embargo el Cuerpo de Cristo crece.

¿Crees que es posible ser cristiano en un pueblo o aldea donde no existe una sola iglesia formal?. La respuesta es sí, ya que de otra manera, ¿cómo podrían los misioneros mantener su fe mientras se encuentran trabajando entre etnias no alcanzadas con el Evangelio? ¿Se imagina que una persona no pudiera experimentar la presencia de Dios simplemente porque no puede asistir a una iglesia, porque ésta no existe en su ciudad o región?

Es cierto que la Biblia dice que no debemos dejar de

congregarnos, y que es muy importante mantenernos unidos al cuerpo, pero también es cierto que una persona puede vivir la vida cristiana aunque no exista una sola iglesia en su región. Esto quiere decir que no es el participar de servicios religiosos lo que hace a una persona cristiana, sino tener un encuentro verdadero con Jesucristo.

Esta historia me hace pensar en la pregunta: «¿Qué fue primero, el huevo o la gallina?». Es muy fácil responder a esto: «Dios creó a la gallina y la gallina puso el huevo». De la misma forma, Dios hace a los cristianos, y los cristianos entonces forman congregaciones, y no al revés.

Es por eso que afirmo que la vida cristiana es una serie de experiencias que tenemos con Dios, que nos transforman. Es una serie de encuentros significativos en la presencia de Dios.

¿Cómo es posible que el Dios que hizo los cielos y la tierra venga a morar en mi corazón, y pueda yo tener una relación personal con Él? No lo entiendo, pero lo acepto, lo creo, lo vivo y ¡lo disfruto!

Déjame compartir contigo tres principios muy prácticos para desarrollar tu relación personal con Dios:

1. Cercanía: Preséntate a Dios.

Este es el primer principio para tener encuentros significativos con Dios. El Salmo 5, verso 3 dice:

"Oh Señor, de mañana oirás mi voz, de mañana
me presentaré delante de ti y esperaré".

Necesitamos dar pasos específicos hacia la presencia de Dios si queremos sentirnos más cercanos a Él. La palabra clave de este verso es «presentar» y proviene del hebreo «arak» que significa: «arreglar, poner en orden, preparar, dirigirse o posicionarse hacia una dirección».

Si quiero tener un diálogo con una persona, es indispensable que me posicione correctamente. Si me coloco de espaldas a esa persona será muy difícil conversar con ella. Dios no está lejos, Él está cerca, pero nosotros no nos posicionamos de la forma correcta para ir delante de Él y decirle: «Señor, yo quiero encontrarte, verte cara a cara y tener una relación contigo».

Mi hermano Eduardo me hizo una observación acerca del tema de la intimidad que me pareció sumamente interesante: «¿Te has puesto a pensar que Dios diseñó al ser humano para tener intimidad con su cónyuge cara a cara?». En general, los animales no están de frente el uno del otro cuando tienen un contacto sexual, pero el hombre sí. Dios planeó que la intimidad entre un hombre y una mujer en el matrimonio fuera mucho más que una relación sexual. Él nos diseñó de tal forma que pudiésemos comunicarnos con palabras, pero también con miradas y con expresiones de nuestro rostro. Por eso dice: *me presentaré delante de ti y esperaré* (Sal 5:3).

La palabra «esperar» en este verso quiere decir, vigilar, espiar, mirar atentamente. Muchas veces, una sonrisa o una mirada tierna dicen más que mil palabras. Pero esto solo puede ser apreciado cuando estamos observando el rostro de la persona que amamos.

De la misma forma, cuando nos acercamos delante del

Señor y nos posicionamos correctamente podemos tener un encuentro con Dios.

He descubierto que la forma más práctica y sencilla de presentarnos delante del Señor tiene que ver con posicionar correctamente las tres partes de nuestro ser: espíritu, alma y cuerpo.

Cuerpo

Lo primero que tengo que presentar es el cuerpo, porque es algo que veo, y que estoy muy consciente de que está ahí. En primer lugar veo mis manos, así que muchas veces, para enfocarme en esta presentación hacia el Señor lo que hago es levantarlas. La Palabra dice:

> «Alzad vuestras manos al santuario, y bendecid a Jehová».
>
> —*Salmos 134:2*

Pero, no sólo presento mis manos, también todas las partes de mi cuerpo. Prosigo diciendo:

«Señor, presento a ti mis ojos para que miren por tus caminos.»

«Presento a ti mis oídos, quiero oír tu voz. Mi boca, quiero hablar palabras de vida. Mis pies, que pueda caminar en integridad en este día. Mi corazón, que pueda ser un músculo potente, poderoso, que no me falle, que pueda cumplir con tu propósito. Mis pulmones, que pueda tener vías respiratorias saludables. Presento a ti todo mi ser, mi sistema nervioso, mi sistema digestivo, mi sistema circulatorio, todo lo que soy lo presento delante de ti. ¡Que este cuerpo, templo de tu Espíritu Santo, sea vivificado con tu poder!

¡Que el mismo Espíritu que levantó a Cristo de los muertos more en mí, y me vivifique en este día!»

Alma

Después, continúo este direccionamiento y presento mi alma. Esta es la parte clave del proceso, porque cuando presentamos nuestra alma, nuestra mente dispersa que está pensando en muchas cosas, tiene que ser sujetada y enfocada. Presento mi mente delante del Señor, y digo: «Señor, en este momento, dirijo mis pensamientos hacia ti y los sujeto a la obediencia a Cristo». Estoy ejercitando el principio bíblico que Pablo enseñó a los corintios:

«Derribando argumentos y toda altivez que se levanta contra el conocimiento de Dios, y llevando cautivo todo pensamiento a la obediencia a Cristo».
—*2 Corintios 10:5*

Es muy importante que aprendamos a sujetar la mente. Cuando conocí a Jesucristo tenía una mente extremadamente dispersa. Mis amigos me dijeron que si quería crecer espiritualmente debía leer diariamente la Biblia. Recuerdo que respondí: «Está bien, leeré capítulos pequeños, no hay problema, lo puedo hacer». Pero al comenzar la lectura, invariablemente me distraía porque mi mente estaba dispersa. Tuve que aprender que la mente tiene que ser sujetada, ya que es como un potro salvaje que tiene que ser tomado de las riendas, y sujetado con el propósito de que se mueva en la dirección en la que queremos ir.

Cuando yo era niño, íbamos con frecuencia al pueblo donde nació mi papá, en el estado de Hidalgo, México. Él tenía un par de caballos, uno se llamaba «Capulín», y el otro «Pinto». El primero era un caballo negro, muy brioso y medio caprichoso, que me daba temor montar. Casi siempre montaba al «Pinto» que era más noble y, por ser de un color café con blanco, se parecía mucho al caballo que montaba Toro, el compañero del «Llanero Solitario».

Un buen día se me metió en la cabeza que no tendría más temor del Capulín. Fui al establo, tomé un fuete en mi mano, y dije: «Ahora sí, Capulín, te voy a enseñar quien manda aquí». El caballo estaba listo para ser montado, con silla y freno puesto. Tomé el caballo por las riendas, y ¡fuuum! le di un fuetazo. Hasta la fecha no entiendo por qué hice tal tontería. Por supuesto, el Capulín se puso como loco. Como pude, lo sujeté, y me subí en él, pero tan pronto como me subí, el caballo salió corriendo.

Yo estaba acostumbrado a manejar un caballo obediente. Empecé a jalar, y a jalar, y el caballo seguía corriendo a todo galope. Llegue a tirar de la rienda con la mano derecha tanto como mi brazo alcanzaba hacia atrás, mientras que con la izquierda me sujetaba a la cabeza de la montura, y aun así el caballo no se detenía.

Finalmente, alguien me gritó: «Sujeta las riendas con las dos manos». Solté la mano izquierda de la montura, y como pude, comencé a jalar las riendas con las dos manos, bajándolas hacia el cuello del animal. Casi inmediatamente se detuvo, y yo, en menos de un segundo estaba en tierra firme.

Ese día aprendí una lección que años después me sería muy útil en el proceso de renovación de mi mente.

Ahora entiendo que la mente es como el Capulín, tiene que ser sujetada, pues de otra manera se conducirá por su propio rumbo.

Algunos hemos padecido por tener una mente

«capulina», que se distrae y no se enfoca en los propósitos de Dios. Si no presentamos la mente, es prácticamente imposible que desarrollemos una vida espiritual.

Presentar nuestra mente requiere que la enfoquemos en oración y que sujetemos sus procesos creativos a la Palabra de Dios.

Mucha gente no puede tener encuentros con Dios que los cambien porque nunca llegan a sujetar su mente. Hay gente que nunca logra obtener una dirección clara de Dios porque su mente va corriendo por todos lados, y oyen veinte voces diferentes. De esa forma es casi imposible discernir la voluntad de Dios. Por eso, presentar la mente delante de Dios es sumamente importante.

Gracias a Dios podemos tener una visión diferente de la vida cuando tenemos una revelación de su gloria. Pero eso requiere la renovación de la mente, requiere que saquemos la vieja manera de pensar y abracemos la manera de pensar de Dios.

¡Si pienso lo que debo pensar, sentiré lo que debo sentir y haré lo que debo de hacer! Por eso es tan importante presentarnos delante de Dios, y decir: «Aquí está mi mente, mi cuerpo, mi corazón, mi espíritu, y todo lo que soy lo presento delante de ti, Señor».

2. Vulnerabilidad: Ábrete ante Dios.

El segundo elemento es sumamente importante. Si quieres tener una experiencia con Dios es necesario presentarte delante de Él, pero también tienes que abrirte. Si me presento y me abro, entonces estoy en la dirección correcta para tener un encuentro poderoso con el Señor.

Necesitamos estar dispuestos a que Dios nos conozca tal y como somos, sin fachadas, ni fingimientos. Él es omnisciente, y sin embargo, no entra en las áreas de tu vida que tú no abres ante Él. A pesar de que conoce cada detalle de mi vida, no intervendrá a menos que los exponga. Esto es quizá una de las cosas más importantes que podemos aprender en nuestro caminar con Dios.

Hay un verso que ha sido usado frecuentemente para invitar a una persona que no es creyente a recibir a Cristo en su corazón. Sin embargo, esta Escritura no es para los inconversos, es para los creyentes. Este texto está dentro de uno de los mensajes que el Espíritu Santo da a las siete iglesias en Apocalipsis:

> «He aquí, yo estoy a la puerta y llamo; si alguno oye mi voz y abre la puerta, entraré a él, y cenaré con él, y él conmigo».
>
> —*Apocalipsis 3:20*

¡El Espíritu está hablando al creyente! Lo que esto significa es que, aun cuando yo he conocido la gracia salvadora del Señor, ya soy una nueva criatura y he sido justificado por la fe, puedo seguir abriéndome al Señor en las áreas de mi vida que necesitan ser iluminadas por su presencia.

Por supuesto, el grado más pleno de este tipo de comunión aquí en la tierra ocurre en el matrimonio, cuando dos personas que eran totalmente extrañas unos años antes, y que provenían de familias totalmente diferentes, trasfondos diferentes, y lugares diferentes se acercan, y llega un momento en el que se abren tanto el uno al otro que se convierten en una sola carne.

¿Cómo sucede este misterio de intimidad? Mediante

este principio de vulnerabilidad, de apertura. Y la única razón por la que los esposos llegan a abrirse completamente el uno al otro es porque antes abrieron su corazón el uno al otro. Se abrieron en el espíritu y en el alma, y por eso disfrutan de una unidad plena.

El mismo principio aplica en nuestra relación con Dios. La única forma de experimentar una verdadera intimidad con Dios es haciéndonos vulnerables, abriéndonos ante Su presencia, y exponiendo ante Él las áreas de nuestra vida que consideramos más privadas. Por esa razón, Pablo comparaba el misterio de la intimidad matrimonial con la comunión entre Cristo y su Iglesia:

«Por esto dejará el hombre a su padre y a su madre, y se unirá a su mujer, y los dos serán una sola carne. Grande es este misterio; mas yo digo esto respecto de Cristo y de la iglesia».
—*Efesios 5:31-32*

Recuerdo que cuando me casé declaré mis votos de amor y compromiso a mi esposa. Con esa confesión, lo que hice fue expresarle: «Querida, estoy haciendo un pacto contigo. Me comprometo y nunca te voy a dejar». Esta declaración es extremadamente importante pues constituye la base sobre la cual se edifica la confianza y seguridad, que son indispensables para la intimidad. Sólo así pueden los esposos llegar a un punto de total vulnerabilidad, el uno con el otro. Sólo así pueden llegar a decir: «Me abro completamente delante de ti. Tú puedes entrar a mí, y yo puedo entrar a ti». De la misma manera, sólo así

podemos llegar a tener completa intimidad con
el Espíritu Santo. ¡Qué misterio tan glorioso! La
presencia del Dios vivo penetrando en el corazón
de aquellos que nos abrimos a Él.

Pero así como hay un maravilloso deleite de intimidad cuando nos abrimos, también existen terribles consecuencias cuando nos cerramos. Cuando en algún momento de la relación el matrimonio se cierra, uno de los dos abusa de la vulnerabilidad del otro, y lo hiere. Consciente o inconscientemente aprovecha que su cónyuge está abierto y lo lastima. La reacción del otro no se hace esperar. Ya que su instinto natural es protejerse de un mayor dolor, se cierra al agresor y se corta el canal de comunicación y entendimiento. Si no hay arrepentimiento y perdón, la amargura contamina el corazón y crea un muro de separación. Posiblemente sigan hablando el uno con el otro, quizás sigan viviendo bajo el mismo techo pero ya no están abiertos. La relación comienza a morir lentamente. Lo que en un momento fue la cosa más deleitosa y la comunión más dulce, hoy en día es algo seco, sin vida, algo que solamente se tolera, quizá, por amor a los hijos.

Exactamente lo mismo puede suceder en la relación con Dios. Si te cierras, entonces la vida del Espíritu deja de fluir hacia tu corazón. ¡Abrirme delante de Él es la única forma de volver a experimentar su presencia, a sentir su Espíritu sobre mí, es volver a la misma disposición que tuve al principio.

El cerrarse significa volver a una condición de encubrimiento. Para poder tener una comunión es indispensable que haya un descubrimiento, es indispensable que haya un «abrirse», porque si tú no te abres, básicamente cuando encubres algo, entonces no hay comunión.

En ese momento, por el regalo de la gracia de Dios, las ataduras y las cadenas se rompen. El poder del diablo deja de operar en la vida de una persona cuando esta se abre, se expone a la luz y confiesa su pecado.

> «Si confesamos nuestros pecados, él es fiel y
> justo para perdonar nuestros pecados, y limpiarnos
> de toda maldad».
>
> —*1 Juan 1:9*

Ábrete otra vez, expónte delante del Señor, vuelve a hacerte vulnerable, pues la vida sólo fluye de un corazón abierto.

3. Interacción: Clama a Dios

El tercer principio es el más sencillo de todos, pero es también el más práctico. La Palabra de Dios dice:

> «Clama a mí, y yo te responderé, y te enseñaré
> cosas grandes y ocultas que tú no conoces».
>
> —*Jeremías 33:3*

Para experimentar la presencia de Dios es necesario que participemos en un intercambio activo que requiere que abramos la boca, y que clamemos a Dios. Varios pasajes de la Escritura nos enseñan que la boca es muy importante en el desarrollo de nuestra relación con Dios, ya que se convierte en la válvula por medio de la cual el río del Espíritu puede fluir del interior.

«El que cree en mí, como dice la Escritura, de su interior correrán ríos de agua viva».

—*Juan 7:38*

La boca es también el medio por el cual expresamos nuestra fe:

«Pero teniendo el mismo espíritu de fe, conforme a lo que está escrito: Creí, por lo cual hablé, nosotros también creemos, por lo cual también hablamos».

—*2 Corintios 4:13*

Con la boca hacemos confesiones que traen salvación a nuestra vida:

«Porque con el corazón se cree para justicia, pero con la boca se confiesa para salvación»

—*Romanos 10:10*

Esa es la razón por la cual el salmista declaró:

«Mientras callé, se envejecieron mis huesos en mi gemir todo el día»

—*Salmos 32:3*

Es imposible clamar con la boca cerrada. La comunión con Dios requiere de la expresión verbal que rompe las barreras en el alma y permite a nuestro espíritu extenderse y tocar a Dios. De la misma forma en que Dios envía su Palabra y nos sana, nosotros podemos también «enviar» nuestras palabras hacia el Señor y tocarlo.

Recuerda que no hay mejor lugar para presentar tu debilidad que la presencia de Dios. Sé que no estás leyendo algo que nunca antes haya escuchado. Sin embargo, en el tiempo que tengo de caminar con el Señor, me he dado cuenta que recibir información no necesariamente se traduce en aplicar esa información de una forma práctica y transformadora. Por eso, al compartir contigo esta enseñanza, mi anhelo es que puedas llevar estos tres principios a la práctica y que seas revolucionado por el Espíritu Santo.

Tú puedes tener en este mismo momento un encuentro poderoso con Dios. ¿Qué puede ser más deseable que tener un encuentro con el Dios que te sacude, que te cambia, que te despierta, que te revoluciona para siempre? La clave es aplicar estos tres principios de vida.

Dios está levantando un clamor en medio de su pueblo, por la gente que está desesperadamente necesitando encontrarse con Dios. Gente que está dispuesta a pagar cualquier precio por un encuentro con Dios. ¡Es una generación hambrienta y sedienta de encuentros poderosos en su presencia! Y esos encuentros solamente ocurren cuando te presentas delante de Él, te abres, y no dejas tu boca cerrada, sino clamas!

Marco Barrientos es un reconocido ministro de alabanza profética y cántico nuevo. Conferencista internacional, director de alabanza y adoración, actualmente es presidente de Amistad Cristiana Internacional y Aliento Producciones. Junto a su familia y equipo de trabajo persigue el fortalecimiento de la comunidad hispana en los Estados Unidos. Actualmente Marco ministra como maestro y líder de alabanza en el Instituto Cristo para las Naciones en Dallas, Texas. Es el pastor de la iglesia Centro Internacional Aliento.

www.aliento.org

Adora

Quiero mirar tu hermosura

Letra y Música: Marco Barrientos,
Julián Collazos, David Cisneros
Interpretado por Marco Barrientos
Proyecto "Muéstrame tu gloria",
Aliento Producciones, 2003

Dios, me abro a ti,
Me entrego a ti
Estoy dispuesto y en tus manos
Lo rindo todo, Señor.
Abre mis ojos, déjame verte
Quita las vendas que me han cegado
Abre mis ojos, yo quiero verte
Muestra tu gloria y tu bondad.

Coro:
Quiero mirar tu hermosura
Y contemplar tu majestad
Abre mis ojos, Jesucristo
Muestra tu gloria y tu bondad.

Contempla

En su presencia somos transformados

*«Por tanto, nosotros todos, mirando a
cara descubierta como en un espejo la gloria del Señor,
somos transformados de gloria en gloria en la
misma imagen, como por el Espíritu del Señor».*
—2 Corintios 3:18

EL RECONOCIDO pastor Sam Hinn dijo: «Uno nunca podrá cambiar en la presencia de otro hombre, sólo podemos ser cambiados en la presencia de Dios». Él es uno de los hombres más apasionado por la presencia de Dios que he conocido. Es un adorador intenso que vive para adorar. Esa es su vida.

Una vez le pregunté el significado de la adoración y él me respondió: «La adoración es un corazón rendido completamente a Dios que se manifiesta a diario en canción y se convierte en un estilo de vida. En la adoración Dios comienza a lidiar con los asuntos de nuestro corazón y nos trae corrección. Esa confrontación produce transformación». Todo esto sucede en la presencia de Dios.

Cuando entregamos nuestro ser en rendición total, Él comienza a mostrarnos cosas nunca antes vistas, y esa revelación produce transformación.

Cuántas veces has escuchado a alguien decir: «Nunca cambiará, siempre repite el mismo ciclo». Es cierto, a veces los hombres entramos en patrones y moldes difíciles de cambiar. Intentamos hacerlo por nuestras propias fuerzas pero siempre fallamos…

Solamente en su presencia, cuando adoramos en espíritu y en verdad, nos postramos ante Él y rendimos nuestra voluntad, podemos ser transformados. Entonces esos cambios no duelen, porque su presencia es como anestesia para que el cirujano divino opere hasta lo más profundo de nuestro corazón. Sólo en su presencia podemos descubrir la condición real de nuestra alma y reconocer que necesitamos ser cambiados. Sólo en su presencia podemos ser quebrados y hechos nuevos. Sólo en su presencia encontramos el propósito para nuestra vida. Sólo en su presencia descubrimos nuestra identidad y lugar en este mundo. Sólo en su presencia recibimos la revelación del carácter de Dios. Si realmente te entregas a Él y le rindes adoración, comenzarás a ver cambios en tu vida y serás transformado. Pero esos cambios sólo suceden en la presencia de nuestro Señor. No podrás ver su gloria sin primero estar en su presencia. No podrás contemplar su hermosura si no vives en Él.

– Liz Edén

Reflexión

_____
_____
_____
_____
_____
_____
_____
_____
_____
_____
_____
_____
_____
_____
_____
_____
_____
_____

Reflexión

_____

_____

_____

_____

_____

_____

_____

_____

_____

_____

_____

_____

_____

_____

_____

_____

_____

_____

Capítulo 2

La semilla de gloria

por Aquiles Azar

«EN EL LUGAR donde estás, mucha gente no entendió lo que estás haciendo por una semilla que ha sido sembrada en tu corazón. Has sido mal entendido en tu nación, pero tú sabes cuál es la semilla de fe que Dios ha puesto en tu corazón. Has permanecido en la visión, y así como el bambú chino que crece muy poco hasta su cuarto año, y quien lo ve piensa que solamente alcanzará la estatura de unas pocos centímetros, pero en su quinto año llega a crecer de 60 a 80 pies de alto (1,800 a 2,400 cm), yo declaro que tu ministerio tendrá un crecimiento extraordinario», esta fue la profecía que Mike Fehlauer nos dio a mi esposa y a mí durante el congreso Aliento del Cielo de 2003. Mike no sabía nada de nosotros ni de nuestro ministerio. Tampoco sabía lo que Dios estaba haciendo en nuestro país. Sin embargo, la palabra fue certera, como si nos hubiera conocido de todo una vida.

Realmente hemos pasado pruebas, Dios lo sabe, rechazos, bochornos, persecuciones. Reporteros seculares con cámaras ocultas se han infiltrado en nuestra iglesia, luego han transmitido por la televisión lo que filmaron.

Nos difamaron diciendo que hipnotizábamos la gente bajo un poder satánico, que la hacíamos hablar un lenguaje extraño y que después de eso, le robábamos el dinero.

Sin embargo, esta circunstancia sirvió para abrir brecha. La Palabra de Dios declara que «el Reino de Dios sufre violencia, y sólo los violentos lo arrebatan». Los violentos en la Palabra son los precursores. Son aquellos que fueron llamados a traer las bendiciones del cielo a la tierra. Aquellos que deciden abrir brecha y romper estructuras. David dijo: *«Hubiera yo desmayado, si no creyese que veré la bondad de Jehová en la tierra de los vivientes»* (Salmo 27:13).

Luego de la palabra profética recibida, Dios me dijo: «Llegó el tiempo de la cosecha. Este árbol crecerá».

La lluvia de Dios

Cuando la gloria de Dios desciende en tiempos de sequía espiritual, su presencia desciende como lluvia del cielo sobre los corazones hambrientos.

«Guardad mis días de reposo, y tened en reverencia mi santuario. Yo Jehová. Si anduviereis en mis decretos y guardareis mis mandamientos, y los pusiereis por obra, *yo daré vuestra lluvia en su tiempo, y la tierra rendirá sus productos, y el árbol del campo dará su fruto»*.

—*Levítico 26:2-4, énfasis añadido*

Si caminamos de acuerdo la Palabra de Dios, si somos obedientes a ella, guardándola en nuestro corazón «... *y la pusiereis por obra»*, y actuamos de acuerdo a lo que hemos aprendido, entonces algo sucederá. Dios promete dar lluvia en su tiempo para que la tierra rinda al máximo su producto y el árbol del campo dé su fruto.

«Vuestra trilla alcanzará a la vendimia, y la vendimia alcanzará a la sementera, y comeréis vuestro pan hasta saciaros, y habitaréis seguros en vuestra tierra. Y yo daré paz en la tierra, y dormiréis, y no habrá quien os espante; y haré quitar de vuestra tierra las malas bestias, y la espada no pasará por vuestro país. Y perseguiréis a vuestros enemigos, y caerán a espada delante de vosotros. Cinco de vosotros perseguirán a ciento, y ciento de vosotros perseguirán a diez mil, y vuestros enemigos caerán a filo de espada delante de vosotros. Porque yo me volveré a vosotros, y os haré crecer, y os multiplicaré, y afirmaré mi pacto con vosotros»

—*vv. 5-9*

Cuando la lluvia de Dios desciende se acaba la sequía. El Señor dice que Él nos dará la lluvia en su tiempo. Y sé positivamente que este es el tiempo de Dios, este es el momento de bendición. Él anhela llenarnos de su gloria, para que nos embarcemos de su presencia y seamos tierra que da fruto para la gloria y honra de su nombre.

Cuando la gloria de Dios nos toca lo hace con un propósito: Donde no había nada, habrá abundancia, gozo, prosperidad del cielo, fe y confianza. Todo es el resultado de la visitación de la gloria de Dios para cumplir el propósito de Cristo en la cruz del Calvario, que siempre ha sido alcanzar las almas para su reino.

Dios no se pudo contener y expresó su gran amor a la humanidad enviando a su hijo. Una vez que lo recibimos como Señor, Él nos hace portadores de su gloria y nos llama a que, así como hemos sido consolados también consolemos a otros. Tú y yo hemos sido llamados a llevar la gloria de Dios a todo cautivo, dar vista al ciego, sanar al quebrantado de corazón, a abrir las cárceles de los que están en prisiones.

Jesús dijo: «El Espíritu del Señor está sobre mí, por cuanto me ha ungido para dar buenas nuevas a los pobres; me ha enviado a sanar a los quebrantados de corazón; a pregonar libertad a los cautivos, Y vista a los ciegos; a poner en libertad a los oprimidos; a predicar el año agradable del Señor».

—*Lucas 4:18-19*

Por esa razón su gloria se manifestó en ti, porque: «*De tal manera amó Dios al mundo, que ha dado a su Hijo unigénito, para que todo aquel que en él cree, no se pierda, mas tenga vida eterna*» (Juan 3:16).

Esa gloria no es para que la disfrutes solamente tú y luego digas: «¡Qué bien me siento! El Señor me libertó, me restauró, me perdonó, qué hermosa palabra. Qué bueno estuvo el culto...». Cuando la gloria de Dios desciende trae seguridad y confianza a tu vida y es como lluvia que riega la Palabra que te ha sido dada.

En el plano natural, cuando una semilla cae, preña la tierra y la hace producir fruto. Así también sucede en lo espiritual. La Palabra de Dios es la semilla que cuando cae en tu vida te preña, y la gloria de Dios regará esa semilla y producirás fruto que será visto por los que te rodean. Muchos querrán lo que tú tienes, pero para eso es necesario que lo compartas y ellos mismo inicien el proceso de siembra.

Es tiempo de impartir, de tocar al mundo, a nuestra generación, porque Cristo fue la semilla del Padre y nosotros, que la recibimos, no ignoramos eso porque hemos experimentado su gloria (a Cristo en nosotros).

Alguien tiene que ir a la universidad y libertar al cautivo. Alguien tiene que ingresar a la escuela y sanar a los quebrantados, ser ejemplo y demostrar el brillo de la gloria de Dios en nuestra vida. Debemos hacerlo porque estamos preñados de su presencia.

Todos tenemos una cosecha por delante. Hemos sembrado para la gloria y honra del Señor, y hoy vemos el resultado de su Palabra en nuestra vida, en nuestro andar cristiano. Hay una gran cosecha para ti: victoria, gozo, triunfo, prosperidad, éxito. Un ministerio que revolucionará muchas vidas. Nunca más serás el mismo luego de que la lluvia de Dios haya descendido, su gloria te tocará y algo nuevo sucederá. Cuando la gloria de Dios desciende *te preña de la visión* y nunca más serás el mismo. La lluvia que recibes de su presencia será llevada a tu hogar, a tu iglesia, a tu comunidad, a tu nación, porque eres un portador de la gloria de Dios.

Actuar en las promesas de Dios

Si sembramos el bien, eso mismo cosecharemos. Cuando recibes una Palabra debes agregarle acción, entonces tu cosecha vendrá cuando la lluvia descienda. Tus nubes se llenarán de agua porque tú has ingresado a través de la Palabra. Cosecharás si no desmayas. La Nueva Versión Internacional dice: «*Si no nos damos por vencidos...*». La versión amplificada dice: «*Si no reduces tu intrepidez, valentía y desfalleces desmotivado».* Si tienes *valor y denuedo en tu corazón,* esa pasión te guía a demostrar el amor de Dios.

En mis años de ministerio he descubierto gente intrépida en el Espíritu, valientes que saldrán a diferentes lugares, enfrentarán a todo demonio y llevarán la lluvia del cielo para su ciudad. Personas que iniciaron el camino en debilidad, pero al encontrarse con la gloria de Dios se hicieron fuertes. Personas tímidas pero transformadas por el denuedo de Dios. Personas que vivieron atadas, pero que hoy son libres para llevar la gloria y la presencia del Señor Jesucristo.

Cuando estás preñado de su presencia nace en ti el valor, la intrepidez, el coraje. Cuando la gloria de Dios descendió sobre Pedro, este se puso de pie y dijo: «Estos no están ebrios como ustedes suponen pues es la hora tercera del día, mas esto es lo dicho por el profeta Joel: En los últimos días, dice Dios, derramaré mi Espíritu sobre toda carne, nuestros jóvenes profetizarán, nuestros ancianos soñarán sueños, sobre toda carne derramaré de mi Espíritu, dice el Señor».

Ya no tengo que anhelar los tiempos de Pedro, de Juan, de Pablo, ni siquiera los tiempos de Elías cuando Eliseo ascendió al cielo. Hoy somos protagonistas de los mejores días de la historia del cristianismo, los días de la evangelización a todas las naciones. Gálatas dice:

«No nos cansemos, pues, de hacer bien; *porque a su tiempo segaremos, si no desmayamos».*
—*Gálatas 6:9, énfasis añadido*

Este es el tiempo para ver la gloria de Dios en las naciones, una generación entendida en los tiempos como los hijos de Isacar.

«De los hijos de Isacar, doscientos principales, entendidos en los tiempos, y que sabían lo que Israel debía hacer, cuyo dicho seguían todos sus hermanos».

—*1 Crónicas 12:32*

Estamos viviendo los días en que toda la tierra será llena del conocimiento de la gloria de Dios así como las aguas cubren la mar. Tal vez seamos la última generación, la que llegue a ver el retorno de Cristo a la tierra, pero no me voy a quedar con los brazos cruzados pensando que es probable que esto sea así. Seré un precursor, porque la gloria de Dios está en mí. Seré un violento como lo fue Juan el Bautista, porque solamente los violentos arrebatan el Reino de Dios y rompen el molde cambiando estructuras para tocar su generación.

El *rhema* de Dios te embaraza

La palabra dada por Dios va con efecto para que se cumpla. Fíjate en esta Escritura:

«Al sexto mes el ángel Gabriel fue enviado por Dios a una ciudad de Galilea, llamada Nazaret, a una virgen desposada con un varón que se llamaba José, de la casa de David; y el nombre de la virgen era María. Y entrando el ángel en donde ella estaba, dijo: ¡Salve, muy favorecida! El Señor es contigo; bendita tú entre las mujeres. Mas ella, cuando le vio, se turbó por sus palabras, y pensaba qué salutación sería esta. Entonces el ángel le dijo: María, no temas, porque has hallado gracia delante de Dios. Y ahora, concebirás en tu vientre, y darás a luz un hijo, y llamarás su nombre Jesús».

—*Lucas 1:26-28*

Dios le dio una palabra a María, un *rhema,* una palabra específica, e inmediatamente ella quedó embarazada. Cuando Dios trae una palabra a tu vida te embaraza de ella. La Biblia es el *logos* de Dios, su expresión desde Génesis hasta Apocalipsis. Pero el *rhema* es una palabra específica dada a tu vida, una porción de la Palabra revelada en tu vida para una necesidad específica, para un tiempo exacto. El *logos* te da la información, pero el *rhema* te embaraza. María quedó embarazada después de que la palabra *rhema* fue dada. Mi esposa Zuleyka quedó embarazada de nuestro segundo hijo justo cuando Dios nos había dado una palabra para nuestra nación.

1. Cuando una mujer está embarazada se pone bella, hermosa y resplandeciente. Cuando mi esposa estaba embarazada se le veía un brillo que resplandecía, era el brillo de la presencia y de la gloria de Dios. Así se ve la Iglesia hoy, preñada de la gloria de Dios. Isaías 60 dice: «*Levántate, resplandece...*».

La gloria de Dios despertó a Zorobabel, despertó a Josué, hijo de Josadac, despertó a todo el pueblo en tiempos de Hageo. Esa misma gloria te despierta a ti también. Levántate de la miseria, de la tristeza, del dolor, del pasado, del temor y conviértete en un intrépido de Dios, en un valiente del cielo, porque la unción de Dios está sobre tu vida. Serás un padre que engendrará hijos espirituales, y que no sólo los darás a luz sino que formarás el carácter de Dios en ellos.

2. Cuando una mujer está embarazada tiene un tiempo preciso para dar a luz. Si el tiempo estimado para su nacimiento se excede, la criatura muere. Lo mismo sucede con la cosecha, el fruto de la siembra se pierde si no es recogido a tiempo. Esta misma ley ocurre en lo espiritual, estamos en la sala de parto, es tiempo de pujar, no podemos perder el fruto. Daremos a luz algo grande, así que prepárate. Tienes que saber que nada hay imposible para Dios (Lucas 1:37). María dijo: «*He aquí la sierva del Señor; hágase conmigo conforme a tu palabra*» (Lucas 1:38).

Dios ha declarado que somos «padres de multitudes» porque la gloria de Dios nos hará dar a luz. Cuando Dios te embaraza de su visión y su palabra, al tiempo darás a luz. Durante uno de mis viajes, mientras estaba en un avión tuve una visión. Me vi delante de una gran multitud de personas de diferentes naciones, tribus y lenguas. Había cientos de musulmanes, sus ropas y sus facciones los caracterizaban, y les hablaba de la gloria de Dios a las naciones. Desperté y Dios me dijo: «Hijo, este es el tiempo, háblale a las naciones, toca las almas, para manifestar mi amor a la humanidad. Camina en mi propósito». Hay tantas vidas que van hacia una eternidad sin Cristo. Es tiempo de actuar, no dejes que pase el momento, el tiempo es hoy.

La cosecha de su gloria

«Porque he aquí que tinieblas cubrirán la tierra, y oscuridad las naciones; mas sobre ti amanecerá

Jehová, y sobre ti será vista su gloria. Y andarán las naciones a tu luz, y los reyes al resplandor de tu nacimiento. Alza tus ojos alrededor y mira, todos éstos se han juntado, vinieron a ti; tus hijos vendrán de lejos, y tus hijas serán llevadas en brazos. Entonces verás, y resplandecerás; se maravillará y ensanchará tu corazón, porque se haya vuelto a ti la multitud del mar, y las riquezas de las naciones hayan venido a ti».

—*Isaías 60:2-5*

«Ensancha el sitio de tu tienda, y las cortinas de tus habitaciones sean extendidas; no seas escasa; alarga tus cuerdas, y refuerza tus estacas».

—*Isaías 54:2*

El Señor nos exhorta a no ser escasos, no podemos serlo después de haber recibido la gloria de Dios y su conocimiento, ya que esto es para las naciones. Entonces sucederá lo siguiente: «...verás, y resplandecerás; se maravillará y ensanchará tu corazón, porque se haya vuelto a ti *la multitud del mar,* y las riquezas de las naciones hayan venido a ti» (Isaías 60:5, énfasis añadido).

Cuando el profeta dice: «la multitud del mar» se refiere a las almas. Es tiempo que la Iglesia se levante y actúe para provocar un avivamiento. Hay una gran cosecha para ti. Tribus y naciones, multitudes se maravillarán porque la gloria de Dios ha visitado una vez más la tierra. La Iglesia se ha levantado y está preñada de la gloria de Dios. Será un efecto multiplicador de la unción, de la gloria y del río de su presencia. Camina en confianza, seguridad y victoria.

Dios tiene un propósito en tu vida y se cumplirá en tu generación, en tu ciudad. El propósito de su gloria en la tierra es que su amor sea manifestado, que las almas se salven. No hay otra pasión en nuestro corazón sino sólo almas para el Rey.

Es tiempo de pensar en grande, prepararnos para grandes cosas y actuar para provocar este avivamiento.

***

Aquiles Azar nació en Santo Domingo, República Dominicana. Asistió al Instituto Cristo para las Naciones en Dallas, Texas, y terminó sus estudios bíblicos en su país. En 1994 fundó la Congregación de Fe Cristiana, iglesia que pastorea junto a su esposa Zuleyka, mujer llena de fe y gracia de Dios. El pastor Azar es un ministro de fe con una unción profética al ministrar que se manifiesta con una palabra viva de parte de Dios.

www.aquilesazar.org

Adora

Rey de gloria

Letra y Música: Mac Powell
Interpretado por Marco Barrientos
Proyecto "Venga tu Reino",
Aliento Producciones, 2002

¿Quién es el rey de gloria?
Me persigue con su amor
Me asombran sus palabras
Susurrando en mi interior
Mi conciencia me recuerda
Necesito su perdón

¿Quién es el rey de gloria?
Que me lo ofrece hoy.
Oh, Rey del universo
Y Príncipe de paz
Revelándonos los cielos
Los misterios que en Él hay
Mi espíritu anhela
De su gloria y su verdad
¿Quién es el rey de gloria?
Hijo de hombre, Hijo de Dios.

Su nombre es Cristo
Jesucristo
Dios poderoso
Rey de mi ser
Rey de gloria.
¿Quién es el rey de gloria?
Con poder y majestad
Es sabio sin medida
Es el rey de amor y paz
El Señor del cielo y tierra

Y el único creador
Él es el Rey de gloria
Él es todo para mí.

Contempla

La semilla del amor

«En el amor no hay temor,
sino que el perfecto amor
echa fuera el temor».
—1 Juan 4:18

EL REY pastor vivía en los lugares altos, donde el perfecto amor echa fuera el temor. Un día decidió dejar la capital de su Reino para bajar al valle a vestir el humilde traje de pastor. Allí se encontró con un pueblo rodeado de temor. Entre ellos estaba Miedosa, una muchacha que servía con alegría al Rey pastor. Ella deseaba intensamente complacerlo, pero sentía vergüenza ya que tenía los pies tan torcidos que a menudo cojeaba y tropezaba. También tenía un defecto en la boca, era deforme y desfigurada en la expresión. A causa de esto Miedosa vivía triste, porque anhelaba ser libre de esos defectos para ser bella, graciosa y fuerte.

Un atardecer, Miedosa le expresó al pastor su anhelo desesperado de escapar de ese valle para ir a los lugares altos, a lo que el pastor respondió:

—Hace tiempo esperaba oírte decir eso. En el reino de mi padre, el Reino del amor, no existen temores de ninguna clase.

—Ir a los lugares altos y vivir allí sería maravilloso, pero nunca podría hacerlo. Las montañas son tan altas y peligrosas que no podría moverme con seguridad, —decía la muchacha.

—Ciertamente es difícil y peligroso, pero para llegar allí tendrás que ser transformada, debes desarrollar pies de cierva. Además, tendrás que aceptar otro nombre, porque será imposible para una «Miedosa» entrar en el Reino del amor. Además, no se le permite a nadie morar en el Reino del amor, a menos que tenga la semilla de amor en su corazón, —le explicó el pastor.

Miedosa aceptó recibir la semilla en su corazón, pero al mirarla se dio cuenta que era tan aguda como una espina. El pastor la presionó dentro de su corazón y eso le causó un dolor penetrante, pero rápidamente una dulzura como nunca antes había experimentado se apoderó de ella.

La vida cristiana es un viaje que todos debemos aprender a caminar por nuestra propia cuenta. A veces debemos transitar desiertos y montes que parecen muy difíciles de subir y nos sentimos des- validos. Pero en el valle descubrimos el señorío de

Cristo. En el desierto, su carácter. En los montes, su presencia. En la arena movediza, su fortaleza. Dios quiere llevarnos a descubrirlo con profundidad, para ello es necesario embarazarnos con la semilla de su gloria.

Cuando la semilla de amor es plantada en nuestro corazón y caminamos en la presencia del «Rey pastor» somos transformados, y comenzamos a ver cambios que salen de nuestro interior y son reflejados al exterior.

Finalmente Miedosa encontró la libertad que tanto soñaba de camino a los lugares altos. Allí fue transformada en una dama hermosa con pies de cierva, también recibió un nombre nuevo: «Gracia y Gloria».

Atrévete hoy a dejar que esa semilla germine en lo más profundo de tu corazón. Atrévete a someterte a su proceso para que algún día también puedas ser llamado: «Gracia y Gloria».

La historia corresponde al libro *"Pies de cierva en los lugares altos"* por Hannah Hurnard.

— Liz Edén

Reflexión

Reflexión

_____

_____

_____

_____

_____

_____

_____

_____

_____

_____

_____

_____

_____

_____

_____

_____

_____

_____

Capítulo 3

La parábola del suelo

por Mike Fehlauer

«SI LE PIDES a Dios un árbol, te lo dará en forma de semilla». Esta frase es la que me hizo meditar muchas veces ante mis peticiones frente a Dios. Jesús utilizó en muchas oportunidades ejemplos y parábolas acerca de la siembra y la cosecha, la semilla, el fruto y el sembrador.

Si observamos en el libro de Mateo hay trece parábolas que Jesús enseñó acerca de este tema. Esto demostraba cuán importante era. Él quiso demostrar que si no entendíamos esa parábola no debíamos preocuparnos por lo demás, porque tampoco lo entenderíamos.

Jesús le habló acerca de esta enseñanza a sus discípulos, después de explicársela a la multitud. Generalmente la llamamos la Parábola del sembrador, sin embargo, es la Parábola del suelo. La semilla es siempre la misma: "La Palabra de Dios", sin embargo, lo que determina el desarrollo y la productividad de su crecimiento es la tierra donde se siembre.

Cuando una granja está a la venta muchos creen que su compra se define por la extensión del terreno, pero es necesario investigar mucho más que eso, se necesita saber la calidad del terreno, ya que un buen terreno puede producir alimento para muchas generaciones.

A través de esta enseñanza Jesús describe cuatro tipos diferentes de tierra donde la semilla cayó:

Tierra dura:

> «Y mientras sembraba, parte de la semilla cayó junto al camino; y vinieron las aves y la comieron».
>
> —*Mateo 13:4*

Este tipo de suelo es el que no permite que la semilla ingrese con facilidad. La semilla queda expuesta y pronto las adversidades la devorarán. Es esa tierra que se resiste a aceptar el ingreso de la semilla entre sus partículas. Jesús describe de esta manera a los corazones duros, que cuando oyen la Palabra de Dios no permiten que ingrese, y al permanecer en la superficie, Satanás la arrebata inmediatamente.

Tierra poco profunda:

> «Parte cayó en pedregales, donde no había mucha tierra; y brotó pronto, porque no tenía profundidad de tierra; pero salido el sol, se quemó; y porque no tenía raíz, se secó».
>
> —*Mateo 13:5-6*

Esta clase de tierra es la que no permite que la semilla gane profundidad. Es aquella que no se compromete con el desarrollo de la semilla. Al compararlo con un corazón, es aquel que permite que la semilla ingrese y rápidamente comienza el crecimiento, pero cuando llega la tribulación, la adversidad y los problemas la planta se seca por falta de sustento. La falta de compromiso y profundidad hacen que al no estar cimentados con buena raíz, las tribulaciones quemen la semilla de la Palabra y los frutos en esa vida.

Cuando la siembra es superficial los cultivos dependen cada vez más de las lluvias frecuentes y de fertilizantes. Jesús señaló que las plantas que crecen en terreno de escasa profundidad se ven afectadas en mayor medida por el cambio de tiempo, y no soportan mucha presión.

Buena tierra, pero con espinos:

«Y parte cayó entre espinos; y los espinos crecieron, y la ahogaron».

—*Mateo 13:7*

Muchas veces la tierra es buena, permite ingresar a la semilla de la Palabra, se compromete con ella y le otorga nutrientes y seguridad. Pero las preocupaciones de este mundo, el engaño y las codicias son como espinos que ahogan el fruto de la gloria de Dios en las personas. Esta parábola no sugiere que el terreno espinoso sea malo, puede haber sido excelente: profundo, rico, húmedo, pero ya estaba ocupado. Arbustos y espinos silvestres habían colonizado esa tierra. Sus raíces penetraron tan profundo que consumían todo el sustento que la semilla necesitaba para crecer. El espino compite con la buena semilla y la ahoga. Mateo compara los espinos con la riqueza y los afanes, los placeres de la vida. Él pide que desarraiguemos los espinos y malezas que quieran apoderarse del terreno de nuestra vida.

Buena tierra:

«Pero parte cayó en buena tierra, y dio fruto, cuál a ciento, cuál a sesenta, y cuál a treinta por uno».

—*Mateo 13:8*

Esta tierra es la que permite que la semilla se desarrolle y el fruto crezca un treinta, sesenta, ciento por uno. El problema no era la semilla, esta siempre da buen fruto y tiene en su interior el potencial de alcanzar su mayor efectividad. El problema es el tipo de tierra del corazón. Con nuestro corazón le adoramos, le alabamos y le servimos. Jesús dice que aun cuando oramos nuestro corazón tiene que estar involucrado en la oración.

«Sobre toda cosa guardada, guarda tu corazón; porque de él mana la vida» (Proverbios 4:23) El corazón determina la cosecha. Si nuestro corazón está abierto a la semilla de la verdad de Dios, entonces manifestará esa cosecha de gloria y determinará el destino de nuestra vida.

Proceso de crecimiento

«Porque como desciende de los cielos la lluvia y la nieve, y no vuelve allá, sino que riega la tierra, y la hace germinar y producir, y da semilla al que siembra, y pan al que come, así será mi palabra que sale de mi boca; no volverá a mí vacía, sino que hará lo que yo quiero, y será prosperada en aquello para que la envié».

—*Isaías 55:10-11*

Esta palabra describe cómo funciona el Reino de Dios. Manifiesta cómo recibimos y cómo obtenemos esa gloria. Las semillas ya están en la tierra. La lluvia desciende del cielo y riega la tierra. En realidad, la lluvia cae del cielo como consecuencia de la fuerza de gravedad que provoca que descienda y quede regada en el suelo.

El paso siguiente al riego de la semilla es la espera

del fruto. El suelo fue diseñado para producir fruto. Si construye un cerco en el suelo de su terreno, luego de un determinado tiempo debe ser reemplazado por otro, porque la parte del poste que está enterrado empieza a pudrirse. La razón por lo que ocurre esto es porque la tierra está tratando de hacer crecer esos postes.

El corazón es como la tierra, cualquier cosa que siembres eso es exactamente lo que producirá. Si depositamos la Palabra de Dios, el fruto de Dios surgirá. Así como la fuerza de gravedad atrae la lluvia hacia la tierra. Nuestro deseo y nuestra pasión por Dios deben atraer su Palabra a nuestra vida. No podemos vivir una vida cristiana en pasividad sino con pasión.

Como pastores nos encanta cuando la gente viene a la iglesia, pero no es suficiente con asistir, es importante expresar la pasión ya que ella es la que atrae la unción y la Palabra de Dios hacia nosotros.

Dos personas pueden ser salvas el mismo día, asistir a la misma iglesia, tener la misma Biblia y sentarse juntas en el mismo banco. Sin embargo, cinco años después, una de ellas ha crecido espiritualmente y la gloria de Dios se refleja en su vida; pero la otra todavía está luchando con las mismas cosas, vive en derrota tras derrota.

¿Cuál es la diferencia? La misma Biblia, el mismo Espíritu Santo, la misma iglesia, el mismo pastor, las mismas sillas. La diferencia es el corazón. No es suficiente tener tiempos devocionales ni leer la Biblia, es necesario reclamar del Espíritu de Dios, que es nuestro maestro, la enseñanza: «Espíritu Santo, voy a leer tu Palabra, voy a poner mi confianza en ti. Cuando leo la Escritura muchas veces no comprendo, no tengo habilidad para entender las profundidades del corazón. Es por eso que presento un pedido ante ti. Enséñame, ilumina tu Palabra».

Podemos entrenar nuestra alma para que permanezca enfocada y concentrada en la presencia del Espíritu Santo. De esa manera, nuestro espíritu esté demandando la lluvia del Espíritu Santo sobre nuestro corazón para regar con agua la semilla de la Palabra de Dios.

Hay quienes creen que algunos están predestinados a producir treinta por uno. Otros están destinados por Dios a producir sesenta por uno, pero hay algunos que están destinados a producir el ciento por uno. Estos son los llamados «especiales», los que alcanzan siempre todas sus metas, los que son buenos en todo, siempre obtienen la más alta calificación.

Pero esto no fue lo que Jesús dijo, sino que estos porcentajes de productividad representaban la condición del corazón al momento de recibir la semilla. De acuerdo a cómo nos acercamos a la Palabra de Dios podemos producir treinta, sesenta y ciento por uno de su gloria, de su carácter y de su amor. Nosotros hacemos esa diferencia.

Relación entre el Espíritu Santo y la Palabra de Dios

«También les dijo: ¿Acaso se trae la luz para ponerla debajo del almud, o debajo de la cama? ¿No es para ponerla en el candelero? Porque no hay nada oculto que no haya de ser manifestado; ni escondido, que no haya de salir a luz».

—Marcos 4:21-22

Encendemos una lámpara con el propósito de iluminar un lugar, no para esconderla debajo de una mesa. El mejor lugar para que una lámpara ilumine es en la altura. Cuanto más alta sea colocada, mejor alumbrará.

En el texto que citamos, Jesús describía la relación entre el Espíritu Santo y la Palabra de Dios. La lámpara es la persona del Espíritu Santo, el pedestal es la Palabra de Dios. Jesús dijo que cada vez que nos acercamos a las Escrituras debemos involucrarnos con la persona del Espíritu Santo. Él es nuestro Maestro e ilumina nuestra mente.

Hay personas a las que llamo «lámparas», les encantan las cosas del espíritu, el mover de Dios, los dones y milagros del Espíritu. Todo eso es muy bueno, y es de Dios. Pero muchas de ellas son lámparas sin pedestal, les encanta el mover del Espíritu pero no tienen un fundamento de la Palabra de Dios.

También están aquellas personas a las que llamo «pedestal». Son aquellos quienes disfrutan leer la Palabra y estudiarla, pero no tienen relación con el Espíritu Santo. Todo pasa por su cabeza, pero muy poco por su espíritu. Si pudiera dibujar una caricatura de ellos, sería el cuerpo de un perro chihuahua con una gran cabeza como la de un perro San Bernardo. Son como un pedestal atornillado a la pared. Nadie los mueve de allí. Cuando el Espíritu Santo empieza a moverse en una reunión con diferentes manifestaciones de su presencia, no les gusta lo que está ocurriendo y sacan su concordancia en medio del servicio, y empiezan a buscar dónde está eso escrito en la Biblia.

Necesitamos el fundamento de la Palabra de Dios y la presencia del Espíritu Santo. Ambas cosas son elementales en esa relación entre la Palabra y el Espíritu. Jesús nos dice que si logramos mantener en nuestra vida el equilibrio entre la relación de la Palabra de Dios y el Espíritu Santo, seremos cristianos de ciento por uno en la integridad de Dios en nuestra vida.

Rendirnos al sistema de Dios

«Así es el reino de Dios, como cuando un hombre echa semilla en la tierra; y duerme y se levanta, de noche y de día, y la semilla brota y crece sin que él sepa cómo. Porque de suyo lleva fruto la tierra, primero hierba, luego espiga, después grano lleno en la espiga; y cuando el fruto está maduro, enseguida se mete la hoz, porque la siega ha llegado».

—*Marcos 4:26-29*

Jesús describe el reino de Dios como el trabajo de un labrador. Un hombre que empieza a sembrar la semilla, se acuesta en la noche, y cuando se levanta a la mañana siguiente esa semilla está creciendo. Primero nace la hierba, luego la espiga, después el grano en la espiga, y finalmente llega la cosecha. La semilla creció y el labrador no sabe cómo ocurrió el proceso. Cuando la semilla entra en contacto con la tierra, inmediatamente se inicia un proceso de crecimiento.

Hace algunos años estaba leyendo un pasaje de la Biblia y descubrí algo que nunca había notado. Cada vez que Jesús describe cómo funciona su Reino en nosotros utiliza lo que llamo «sistemas naturales». El sistema natural es un proceso a través del cual el hombre no puede alterar su efecto. En su ejemplo, Jesús no utilizó un sistema social para describir el proceso del Reino de Dios.

El gobierno de una nación está formado por un sistema social. Una empresa o corporación, también. El sistema judicial y de educación es un sistema social. El sistema social es un sistema de operación que se establece por los ideales y los valores del hombre. Los gobiernos están fundados sobre ciertos principios y valores que los fundadores de esa nación abrazaron. Esos valores e ideas han establecido el fundamento del sistema de gobierno, eso es un sistema social. Cuando comprendí esto pude entender que hay ciertos aspectos de un sistema social, como lo son las leyes, que no se aplican a un sistema natural.

Cuando nos devuelven un examen con la calificación obtenida, este debería reflejar que como alumnos hemos logrado internalizar el conocimiento obtenido. Sin embargo, es posible estudiar el último día para un examen y obtener una calificación aprobada. Eso es un sistema natural.

En el gobierno, es posible que una persona sea elegida para un puesto público y que no esté calificada para ese lugar. En una empresa, es posible que alguien sea ascendido y no lo merezca. Pero ¿podrá el granjero hacer lo mismo? El granjero no puede echar la semilla cuando él quiere. Es necesario que sepa el tiempo exacto de la siembra para hacer de ella un sistema productivo.

Se puede manipular y engañar a un sistema social, pero no es posible alterar un sistema natural. Si el granjero quiere su cosecha tiene que rendirse a la ley de la naturaleza que Dios mismo estableció. El sistema natural se sustenta a sí mismo.

No podemos fingir nuestro cristianismo. Quizás haya áreas de tu vida con las cuales has estado batallando demasiado tiempo. Cierto día el Señor habló a mi corazón y me dijo que mi problema era que enfrentaba cada área de mi vida como los exámenes de la escuela. Intentaba estudiar lo máximo en el último minuto, en vez de rendir mi corazón, mi mente, mi voluntad al señorío de la Palabra de Dios y del Espíritu Santo cada día.

De hecho, en la siguiente parábola Jesús habla de eso:

«El Reino de los cielos es semejante al grano de mostaza, que un hombre tomó y sembró en su campo; el cual a la verdad es la más pequeña de todas las semillas; pero cuando ha crecido, es la mayor de las hortalizas, y se hace árbol, de tal manera que vienen las aves del cielo y hacen nidos en sus ramas».

—*Mateo 13:31-32*

Hay un árbol muy interesante que se llama Bambú chino. Cuando la semilla de esta especie es sembrada, lo único que se ve durante cuatro años es un pequeño brote. Si no entiendes la dinámica de desarrollo de ese bambú sentirás que fuiste engañado cuando te vendieron la semilla. Se supone que un árbol debe desarrollarse en un tiempo suficiente como son cuatro años, sin embargo este bambú se mantiene pequeño. Pero lo interesante de ese árbol es que entre el cuarto y quinto año crece entre 18 y 24 metros de altura, solamente en un año.

Cuando siembras la semilla de la Palabra de Dios, muchas veces la gente no entiende la fuerza que hay en ella. Miran el campo de tu vida y ven ese pequeño arbolito, pero tú estás esperando el tiempo y piensas ¡ya llega el crecimiento!

Tus amigos piensan que estás loco, pero tú sabes cómo es el proceso: «Primero la hierba, luego la espiga, finalmente el grano en la espiga». ¡Permanece en el proceso, tu quinto año viene!

Manténte unido al Espíritu, manténte rendido a su Palabra. Ese es el deseo de Dios para cada uno de nosotros, que nos mantengamos en el proceso. No te desanimes, no patees la semilla.

La Palabra dice:

> «Aunque la higuera no florezca, ni en las vides haya frutos, aunque falte el producto del olivo, y los labrados no den mantenimiento, y las ovejas sean quitadas de la majada, y no haya vacas en los corrales; con todo, yo me alegraré en Jehová, y me gozaré en el Dios de mi salvación».
>
> —*Habacuc 3:17-18*

Mike Fehlauer es graduado en teología de la Universidad Nazarena de Olivet. Es el autor de los libros *Cómo ser libre de la vergüenza del pasado* (Casa Creación), *Life Without Fear* [Una vida sin miedo] y *Exposing Spiritual Abuse* [Exponer el abuso espiritual]. Es el pastor de la iglesia The Summit Church en Corpus Christi, Texas, y también contribuye frecuentemente en las revistas Charisma y Ministry Today. Él y su esposa han formado parte del ministerio por más de veinte años.

www.treeoflifechurch.org

Adora

Abre mis ojos

Letra y Música: Paul Baloche
Interpretado por Danilo Montero
Proyecto "Muéstrame tu gloria",
Aliento Producciones, 2003

Abre mis ojos, oh Cristo
Abre mis ojos te pido
Yo quiero verte
Yo quiero verte.
Y contemplar tu majestad
Y el resplandor de tu gloria
Derrama tu amor y poder
Cuando cantamos santo, santo.
Santo, Santo, Santo
Santo, Santo, Santo
Santo, Santo, Santo
Yo quiero verte.

Contempla

A través de sus ojos

«Ahora vemos por espejo, oscuramente;
mas entonces veremos cara a cara.
Ahora conozco en parte;
pero entonces conoceré
como fui conocido»
—1 Corintios 13:12

UN DÍA, UN amigo me explicó ciertos secretos de las hermosas obras de arte que exponen los grandes pintores. Algunas pinturas de los grandes maestros esconden detalles que solo los estudiosos pueden llegar a detectar. Dentro de ellas muchas veces se encuentran piezas claves de la historia que el maestro quiso expresar.

En algunos casos, como el de Van Gogh, los trazos del pincel se volvían más toscos, gruesos y fuertes, cuando él estaba atravesando por una de sus crisis mentales.

En otros, la forma en que se usó la pasta de color, la forma del trazo del pincel o las cualidades del color, todos ellos son detalles que delatan al autor de una pintura que no tiene firma.

Cuando comenzamos a observar a través de distintas perspectivas, podemos contemplar los detalles en la belleza de la Creación. Muchas veces estamos tan ciegos e inmersos en nuestro mundo que no vemos más allá de nosotros mismos. Pero Dios, en su misericordia, nos dio la posibilidad de poder ingresar a aquél lugar donde antes no podíamos ni acercarnos: el Lugar santo. Allí podemos verlo a Él, a cara descubierta.

Todos somos pintores de brocha en mano y nuestra vida es la tela donde expandimos las pinceladas de nuestro paisaje. Pero la naturaleza humana pretende tener ese pincel que solamente puede colorear el exterior de una vida. Sin embargo, cuando permitimos que «el artista por excelencia» tome control de esa brocha, lo oscuro, sin sustancia, se transforma en una hermosa obra de arte. Los trazos toscos y gruesos son suavizados. Él rehizo la obra y la convirtió en la más bella.

Cuando nuestros ojos son abiertos podemos ver la mano que guía el pincel, entonces descubrimos que es el mismo autor que pintó las estrellas, la luna y el brillante sol. Todo es distinto cuando nuestra mirada cambia. Si contemplamos la vida desde la perspectiva de Dios, lo que antes parecía sin sentido, sin color y sin vida, ahora refleja una hermosura incomparable.

¡Qué hermoso sería poder mirar a través de los ojos de nuestro Señor! Descubriríamos una mirada distinta de la que actualmente vemos. Entonces nuestra oración cambiaría, le pediríamos que abra los ojos de nuestro corazón para poder ver desde la misma perspectiva que Él y así reflejar al mundo su amor.

¿Realmente estamos listos para ver su gloria? Llegará un día que lo veremos cara a cara y miraremos a través de sus ojos. Entonces conoceremos la manera en que Él nos miraba, ya que «*conoceremos como fuimos conocidos*».

Si todavía no estás preparado, aún hay tiempo. ¿Qué verá Él en tu corazón?

– Liz Edén

Reflexión

Capítulo 4

Perdón,
el fruto de su presencia

por Larry Hill

EL ABUELO DE mi amigo y asistente, Carlos Ramírez, fue uno de los grandes pioneros del Evangelio en México. En una tragedia familiar, su hija, su esposo y dos niños fueron asesinados. El mismo día del funeral el padre de la muchacha muerta dijo: «Antes de comenzar el sepelio vamos a perdonar a la persona que haya matado a mi hija, a mi yerno y a mis nietos. Una actitud tremendamente valiente, ya que es muy sencillo relatarlo, pero debe haber sido muy difícil hacerlo.

Durante más de un año no se supo quién fue el homicida, hasta que finalmente capturaron al culpable y lo llevaron a prisión. Tiempo después este hombre de Dios le dijo a su esposa: «Quiero que prepares tu mejor comida. Hoy iré a la prisión. Tomaré lo mejor de nuestra casa y se lo daré al hombre que mató nuestra hija». Ella preparó la comida y él se la llevó a aquel hombre a la cárcel. Continuó visitándolo hasta que finalmente ese hombre recibió a Cristo.

Muchas veces los tiempos difíciles son útiles, porque

si somos inteligentes esas circunstancias nos permitirán acercarnos más a Dios. Cada vez que lo busquemos con un corazón abierto y arrepentido, Él nos recibirá y encontrará para nosotros un lugar fresco. Eso ha hecho conmigo, y le estoy muy agradecido.

Él ha quitado el juicio que había sobre mi vida y me hizo libre. Antes no reconocía cuánto de fariseo había en mí. Nunca te conocerás a ti mismo lo suficiente hasta que Dios te lo revele. Como cristianos nos encanta ocultarnos tras una fachada muy religiosa y espiritual para protegernos.

Sin embargo, Dios empezó a trabajar en mi corazón cuando leí los evangelios. Había tomado la determinación de leer un capítulo por día, y revisaría cada versículo con intensidad. También me propuse no incluir en mi lectura las ideas teológicas preconcebidas que cargaba sobre mis hombros. A través de esa hermosa aventura, Jesús me enseñó acerca del perdón entre seres humanos como una manifestación gloriosa de su amor en los hombres.

Perdón entre los seres humanos

«Vosotros, pues, oraréis así: Padre nuestro que estás en los cielos, Santificado sea tu nombre. Venga tu reino. Hágase tu voluntad, como en el cielo, así también en la tierra. El pan nuestro de cada día, dánoslo hoy. Y perdónanos nuestras deudas, como también nosotros perdonamos a nuestros deudores. Y no nos metas en tentación, mas líbranos del mal; porque tuyo es el reino, y el poder, y la gloria, por todos los siglos. Amén. Porque si perdonáis a los hombres sus ofensas, os perdonará también a vosotros vuestro Padre celestial; mas si no perdonáis a los hombres sus ofensas, tampoco vuestro Padre os perdonará vuestras ofensas».

—*Mateo 6:9-15*

Uno de los mayores obstáculos del Cuerpo de Cristo es la falta de perdón. Cuando Jesús enseñó cómo orar, su deseo fue que comprendamos que para que su reino venga era necesario practicar el principio del perdón.

La oración al Padre no se refiere a la salvación sino a las relaciones en el Reino. La falta de perdón no significa que no entrarás al cielo, sin embargo estorbará mucho tu relación con el Rey de ese reino. Si queremos mantener un vínculo vibrante y lleno de energía en el reino, el perdón es el elemento indispensable que mantiene la tierra fresca y con las vitaminas suficientes para que el reino crezca.

Si no tenemos la disposición y la voluntad de perdonar, entonces debemos conseguirnos otro dios, porque el Dios a quien servimos, el Dios de esta Biblia, es el Dios que perdona incondicionalmente. Jesús no sólo perdonó tus pecados antes de que se los confesaras, sino que también perdonó todos los pecados que cometerías aun después de confesárselos. Nuestro Dios es un Dios perdonador. Es imposible vivir en victoria en el reino de Dios con un espíritu de falta de perdón, ya que estamos contristando al Espíritu Santo.

«Y no contristéis al Espíritu Santo de Dios, con el cual fuisteis sellados para el día de la redención. Quítense de vosotros toda amargura, enojo, ira, gritería y maledicencia, y toda malicia. Antes sed benignos unos con otros, misericordiosos, perdonándoos unos a otros, como Dios también os perdonó a vosotros en Cristo».

—*Efesios 4: 30-32*

La falta de perdón puede ser indicio de que la presencia de Dios no está en nosotros. De esa manera corremos el peligro de convertirnos en religiosos. Levantamos nuestras manos, cantamos, gritamos, pero no hay nada de su presencia en nuestra vida.

Durante muchos años pensé que el perdón era una práctica que entendía y ejercitaba, pero cuando leí el libro de R.T. Kendall, *Total Forgiveness* [Perdón total], mi conocimiento del tema cambió. Ingresé a una nueva dimensión del perdón y entonces pude comprender los mitos que rodean esta enseñanza.

Perdonar NO significa...[1]

A- Perdonar no significa aprobar a alguien por lo que ha hecho.

El perdón no es sinónimo de aprobación de parte del que lo otorga. El pecado siempre es pecado, y merece una justicia específica. Pero Dios nos muestra que su misericordia triunfará sobre la justicia.

B- Perdonar no significa excusar o tomar a la ligera lo que alguien ha hecho contra ti.

Dios nunca nos da por excusados. Él nunca hace buenas las cosas malas, el pecado nunca puede ser bueno.

C- Perdonar no significa reconciliar.

Dios te perdonó antes de reconciliarse contigo. La reconciliación es el fruto del perdón.

Pero tú puedes perdonar sin reconciliarte con la persona. Hay personas que han sido perdonadas por Dios, pero no se han reconciliado con Él. El hecho de que hayas perdonado no significa que deberías ir a pasar un día de campo con la persona que te ofendió.

Si alguien continúa abusando física y psicológicamente de ti, existe un derecho legal para ejercerlo en cada nación. Tú puedes perdonar a esa persona pero no es necesario que vivas con ella.

En el caso de que la persona hubiera muerto y sea necesario perdonarla, no puedes reconciliarte con un muerto, pero puedes perdonar a esa persona. Perdonar no significa que esa persona deberá ser tu mejor amiga. Si se trata de esposos, se puede perdonar y también poner limites

D- Perdonar no significa aceptar lo malo.

Perdonar no es vivir en una negación continua de lo ocurrido. Esto no soluciona los problemas. Los cristianos viven negando en nombre de la verdad. Alguna vez tienen que enfrentar la realidad, que por lo general es dolorosa.

Ejemplo de perdón

Cuando los sentimientos que resultan de la falta de perdón permanecen guardados en el corazón durante mucho tiempo, el cerebro comienza a segregar ciertas sustancias químicas que afectan física y emocionalmente a la persona.

José era un hombre muy amado por su padre porque era el hijo de la vejez. Esto no era justo para sus hermanos. Hay cosas en nuestra vida que no son justas y no podemos cambiarlas, pero podemos perdonar.

Los hermanos de José se llenaron de celos y conspiraron

para matarlo, pero terminaron vendiéndolo como un esclavo. ¿Acaso merecía José ser vendido como un esclavo? No, no lo merecía.

Luego, cuando llega a la casa de Potifar comienza a trabajar para él. La Biblia dice que Dios comienza a prosperarlo ya que era un hombre muy fiel a su amo y a su Dios. Aun demostró ser fiel cuando la esposa de Potifar puso sus ojos sobre él. Probablemente ella sería una mujer hermosa, sin embargo, José resistió porque si caía en esa tentación estaría violando la ley de Dios. Era fiel a Potifar porque en realidad quería ser fiel a Dios. A causa de su fidelidad, José terminó en prisión.

Él podría haber cuestionado a Dios al ser llevado a la cárcel, y decir: «Esto no es lo que me enseñaron que me sucedería si obedecía a Dios». Sin embargo, esa prisión fue el paso necesario para llegar al palacio. Su regreso a la prisión fue por algo que él no hizo, sin embargo continuó confiando en Dios por haberlo permitido. Lo asombroso fue que José no permitió que el odio visitara su corazón.

Cuando sus sueños se convirtieron en realidad, José fue transformado. No había amarguras ni resentimientos en su corazón, ya había perdonado a sus hermanos. Veinte años después de que ellos lo habían vendido, José los recibió cuando fueron en busca de ayuda. Finalmente los amó como consecuencia de ese perdón.

Señales de un verdadero perdón

José no le contó a nadie lo que sus hermanos le habían hecho.

Cuando sus hermanos llegaron a Egipto en busca

de alimentos a causa de la sequía, él siempre trató de protegerlos. Para ese tiempo José ya era un gran líder en Egipto. Si el pueblo hubiera sabido lo que sus hermanos le habían hecho a José, ellos mismos los hubiesen decapitado. Eso nunca sucedió, por lo tanto suponemos que José nunca hizo público lo ocurrido.

Eso mismo nos sucede a nosotros. Hemos pecado y, sin embargo, Dios nunca reveló a nadie lo que sabe de nosotros. ¿No estás contento por eso?

Muchas veces el pecado necesita ser expuesto y tratado, pero al hacerlo causa dolor. No somos calificados para juzgar.

¿Quieres practicar justicia? Con esa misma vara serás medido.

¿Quieres practicar misericordia? Eso es lo que recibirás. Dios te da lo mismo que das. Él no le dice a nadie lo que sabe de ti.

No quería que sus hermanos le temieran.

«Entonces dijo José a sus hermanos: Acercaos ahora a mí. Y ellos se acercaron. Y él dijo: Yo soy José vuestro hermano, el que vendisteis para Egipto. Ahora, pues, no os entristezcáis, ni os pese de haberme vendido acá; porque para preservación de vida me envió Dios delante de vosotros».

—*Génesis 45:4-5*

Cuando José reveló su identidad frente a sus hermanos no quería que ellos se alejen nuevamente como resultado del temor, los animó a acercarse y les manifestó el propósito de Dios en su vida.

Perdonarse a sí mismo y no sentir culpa.

«Y decían el uno al otro: Verdaderamente hemos pecado contra nuestro hermano, pues vimos la angustia de su alma cuando nos rogaba, y no le escuchamos; por eso ha venido sobre nosotros esta angustia».

—*Génesis 42:21*

Luego de haber vendido a José, sus hermanos sintieron culpa por lo que habían hecho, y como consecuencia de ello llegó la angustia a sus corazones. La meta suprema de José era libertar a sus hermanos de la culpa y tener una buena relación con ellos. José sabía que de esa manera ellos podrían perdonarse a sí mismos.

José buscaba protegerlos del temor más grande.

El mayor temor que los hermanos de José tenían era que su padre se enterara de lo que habían hecho. Cuando José los envió de regreso a su padre, los instruyó para que dijeran exactamente esto:

«... Así dice tu hijo José: Dios me ha puesto por señor de todo Egipto; ven a mí, no te detengas. Habitarás en la tierra de Gosén, y estarás cerca de mí, tú y tus hijos, y los hijos de tus hijos, tus ganados y tus vacas, y todo lo que tienes. Y allí te alimentaré, pues aún quedan cinco años de hambre, para que no perezcas de pobreza tú y tu casa, y todo lo que tienes. He aquí, vuestros ojos ven, y los ojos de mi hermano Benjamín, que mi boca os habla. Haréis, pues, saber a mi padre toda mi gloria en Egipto, y todo lo que habéis visto; y daos prisa, y traed a mi padre acá».

José les estaba brindando sabiduría y protección. Él mismo les indicaba lo que debían decir y lo que no debían decir.

Es necesario que seamos sabios y cuidadosos de lo que podemos revelar y lo de lo que no podemos. José era tan sabio que buscó proteger a sus hermanos.

El perdón es un compromiso a largo plazo.

Cuando Jacob murió los hermanos de José se llenaron de pánico: «ahora sí José va a vengarse de nosotros». Ellos pensaban que la misericordia de José se acabaría. Cuando ellos le expresaron esa preocupación a su hermano, la Biblia dice que él empezó a llorar y dijo: «*¿Acaso estoy yo en lugar de Dios?*» (Génesis 50:17).

Hay algunos lugares donde sólo Dios puede llegar, solamente le pertenecen a Él. La venganza no es nuestra meta, no es nuestro lugar.

José les dijo: «*No tengáis miedo; yo os sustentaré a vosotros y a vuestros hijos. Así los consoló, y les habló al corazón*» (Génesis 50:21).

El perdón de José no duró solamente un momento sino toda una vida. La actitud de su corazón era de constante perdón y bendición.

Mientras Dios trataba conmigo fui atacado públicamente en una reunión. Regresé a mi casa y de madrugada, mientras esperaba en oración, el Espíritu Santo me habló y me dijo que prepare regalos y se los entregue a las personas que me habían atacado ese mismo día. Cuando mi esposa se levantó me preparó algunos obsequios, y se los llevé. En ese momento, algo sobrenatural aconteció. Esa raíz de dolor y amargura que tenía el potencial de meterse en mi corazón, nunca ingresó. Fui libre de la falta de perdón antes de que eche raíces en mi vida.

Si no puedo perdonar, ¿de qué me vale saber que Dios está en el trono? Si no puedo amar a las personas y aceptar a una mujer prostituta o a un drogadicto, y sentir amor y compasión por ellos, ¿de qué me sirve estar cada noche en la iglesia?

Si no puedo perdonar, no puedo ingresar al trono de su presencia y ver su gloria. Inicia el proceso del perdón. Dios conoce tu corazón y se comprometerá contigo al ver en ti la actitud correcta. Entonces extenderá su mano y te ayudará.

¿Recuerdas a quién debes perdonar?

Larry Hill es director ejecutivo y maestro del Instituto Cristo para las Naciones en Dallas, Texas. Obtuvo su doctorado en ministerio y maestría en teología de la Universidad Visión Internacional, una licenciatura en ministerio pastoral de la Universidad Bautista de Dallas y un certificado en teología práctica del Instituto Cultural México-Norteamericano. Fue misionero en México durante seis años y director de misiones en una iglesia local por cinco años. Larry y su esposa Joy disfrutan educando a sus tres hijas: Lauren, Amber y Kristin.

www.CFNI.org

---

1. Tomado del libro originalmente publicado en inglés por R.T. Kendall, *Total Forgiveness [Perdón total]*, (Lake Mary, FL: Charisma House, 2002), páginas 11-16; 38-65. Reproducido con permiso.

Adora

Digno eres Señor

Letra y Música: Darlene Zschech
Interpretado por Marco Barrientos
Proyecto "Muéstrame tu gloria",
Aliento Producciones, 2003

Gracias por la cruz, Dios
Por el precio tu pagar
Mi pecado y dolor, tu amor quitó
Dando gracia eternal.

Gracias por tu amor, Dios
Por las manos que herí
Pues tu río me limpió y siento al fin
Tu perdón y salvación.

Coro:

Digno eres, Señor
En tu trono estás
Coronado con poder
Reinas con majestad.
Cristo, hijo de Dios
Exaltado rey
Moriste en la cruz en mi lugar
Digno eres, Señor.

Contempla

Amor en el perdón

*«El secreto de tener un corazón como el de Cristo
es enfocar nuestros ojos en Él. Trata de quitar tu
mirada de aquel que te hizo daño y pon tus ojos en
el que te salvó»*
—Max Lucado

HACE AÑOS escuché una frase que dice: «Las personas bendecidas, bendicen a otros. Las personas heridas, hieren a otros». Parece un juego de palabras, pero contiene tanta realidad. Es tan fácil herir, pero es tan difícil perdonar y humillarse para pedir perdón.

Muchas veces pedimos descaradamente a Dios ver su gloria y nos olvidamos que nuestro corazón contiene ofensa y rencor. ¿Cómo pretendemos entrar en su presencia sabiendo que tenemos algo en contra de alguien en nuestro corazón?

No podemos disfrutar de la plenitud de su presencia cuando guardamos resentimientos. ¿Alguna vez has perdonado tanto que sientes que ya no puedes perdonar más? ¿Tal vez el dolor ha sido tan grande que sientes que el corazón te sale de pecho y que ya no tienes fuerzas para perdonar?

Una de las claves del perdón es morir a uno mismo. Dios nos enseña que debemos pedir perdón aun cuando no somos culpables. En la cruz, Jesús le pidió al Padre que perdonase a quienes lo estaban matando, porque ellos no sabían lo que estaban haciendo.

Muchas veces las personas que más amamos tienen la habilidad de herirnos. Algunas nos hieren inconscientemente, no saben lo que hacen, sin embargo les guardamos resentimiento que con el tiempo se convierte en ira.

Un día escuché decir: «Perdonar es un regalo que uno se da a sí mismo». El regalo más grande que puedes darte a ti mismo es perdonar y perdonarte. Cambia tu enfoque de las circunstancias que te rodean y fija tu mirada en aquel que te mostró misericordia y perdón al morir en la cruz, y de esa manera ofrecerás perdón a quien todavía no has perdonado.

Jesús, en el jardín de Getsemaní, estaba agotado en sus fuerzas pero firme en su convicción. Él sabía lo que pocas horas después debería vivir, pero aún sin fuerzas fue obediente hasta la cruz. Esa muerte cruel revela el amor y el dolor que expresó para salvarnos a través del perdón. Ese perdón nos concedió el pase libre para ingresar libremente a su presencia y acceder a lugares nunca antes permitidos para ver su gloria.

—*Liz Edén*

Reflexión

Capítulo 5

La búsqueda
de su gloria

por Danilo Montero

«Ahí viene Danilito, ¿por qué no aprendés de él?» Ese era el constante reclamo de algunas madres de la iglesia al regañar a sus hijos rebeldes. La iglesia, entre otras cosas, es una escuela. Allí aprendemos algunas de las lecciones más importantes de la vida cristiana y, normalmente, crecemos en el conocimiento de Dios. Esa era mi actitud, ser un ejemplo extremo.

Desde adolescente fui un asiduo lector de la Biblia y un aplicado cristiano. Oraba cuatro horas diarias y ayunaba tres veces por semana. En poco tiempo me convertí en el líder de los jóvenes y luego en el pastor asistente de la iglesia. Los muchachos me tenían un poco de miedo, ya que imponía respeto, era el «Súper D», Danilo, el espiritual.

Sin embargo, cuando me encerraba buscando a Dios y analizaba mi vida, me daba cuenta que aunque hacía todo lo que un cristiano debía hacer, mi vida espiritual se había estancado y los temas importantes no cambiaban.

Una mañana mi mamá se levantó y me sirvió el

desayuno, entonces le dije que ese día ayunaría. Ella me miró preocupada y me dijo: «Hijito, para que un espíritu pueda ayunar necesita un cuerpo».

Me había transformado en un ratón de iglesia, si era necesario dormía allí. Amaba a la iglesia, a mi pastor, a su familia, era un buen muchacho, entregado a Dios. El problema fue cuando «me lo creí». Pensé: «Dios se sacó un 100 cuando me salvó, definitivamente es un visionario. Él sabe invertir en el personal correcto».

Yo estaba feliz con mi vida cristiana. Creí que sería uno de los próximos copastores de la iglesia «hasta que la regué», como dicen los mexicanos. Trabajé seis meses en estrecha cercanía con mi pastor, y en el transcurso del tiempo él comenzó a notar que yo era una persona obstinada. Me marcaba detalles de cosas que yo no estaba decidido a cambiar. Finalmente la relación se puso muy tensa y el pastor me llamó a su oficina. Entre las cosas que me comentó se refirió a personas que me acusaban de haber hecho «algo mal». Esto produjo un tremendo enojo en mí, ya que consideraba que mi vida era impecable.

Me enojé tanto que abandoné la iglesia. Me llevé todas mis cosas y me fui rebelde, duro, resentido, etc. Ese fue el peor error que he cometido en mi vida. Luego de tantos años aún pienso: «¡Qué lástima lo que hice! Fue un error». Culpé a mi pastor porque yo no podía ver cuáles eran mis equivocaciones.

El pastor, que conocía mi trasfondo, sabía que yo venía de un hogar disfuncional, que nunca había tenido una figura paterna de autoridad en mi casa, y que a causa de ello era muy difícil para mí seguir instrucciones. Era un rebelde solapado, con cara de buena gente. Yo nunca fui consciente de eso, sin embargo él lo veía y comenzó a confrontarme.

La vida de un fariseo

Los próximos dos años fueron los más horribles de mi vida. Me volví tan duro que me empeciné por querer ofender a Dios, sin darme cuenta que lo único que hacía era golpearme a mí mismo, hundirme, herirme. En esos dos años tuve una soledad tremenda, una depresión profunda. A pesar de que cometí un grave error, creo que Dios usó esa circunstancia para poder tocar mi corazón.

Hoy puedo darme cuenta que el peor daño que me hice a mí mismo fue ponerme caretas. Yo era la máscara que los demás querían ver. Funcionaba con la máscara que me pidieran. Esto era sencillo para mí ya que era resultado de una vida rechazada, y yo era rechazado por mi papá y negociaba lo necesario con tal de comprar su afecto. Me forzaba a hacer cosas con tal de agradar a los demás.

Cuando me fui de la iglesia las caretas se cayeron y por primera vez respiré al decir: «Al fin puedo ser yo. No soy tan perfecto como creía ¡Qué bueno! No tengo que estar orando y ayunando para estar en un ministerio». No me daba cuenta de que Dios me había liberado de lo más difícil para un ser humano: el falso concepto de uno mismo. La iglesia no me ayudó a descubrir eso. Tuve que salir del sistema para darme cuenta qué mal estaba.

Cuando leo la parábola del fariseo y el publicano, entiendo que más allá de la iglesia a la que concurramos, lo importante es la actitud del corazón con la que respondemos. Un fariseo va a la iglesia, ora a Dios, pero regresa a su casa y sigue siendo el mismo miserable de siempre. Sin embargo, el publicano está golpeándose el pecho, no se atreve a alzar la vista a los cielos, pero cuando sale de ahí, ya no se siente igual.

¿Por qué uno cambió y el otro no? Es el mismo Dios, el mismo templo, las mismas oraciones. ¿Cuál es la diferencia?

Los fariseos no se dan cuenta de lo mal que están. El fariseo se pone de pie delante de Dios y dice: «Señor, te doy gracias porque no soy como los demás hombres. Es más, déjame explicarte algo, ¿acaso habrás notado que yo oro mucho, ayuno dos veces a la semana y doy diezmo de todo lo que gano? Por eso te doy gracias. Soy un milagro que camina. Es una maravilla lo que hiciste conmigo. Vengo a darte las gracias, al fin y al cabo tú tienes parte en el asunto. Tuviste la visión de salvarme».

También se compara con los demás y dice: «Gracias porque no soy como ese pobre miserable que está ahí atrás, al que tú no vas a escuchar, obviamente, pero te lo menciono por si no habías notado que él estaba. Yo creo que tú ves cuando gente como yo viene a orar».

Los problemas del fariseo

El primer problema del fariseo es que no se da cuenta que es fariseo. No se da cuenta que construyó todo basado en el sistema de lo que él puede hacer. Construye una escalera con esfuerzos propios. No sabe que está rota en la base y que cuando suba lo suficiente, se caerá al suelo. Necesitamos saber que somos fariseos. Hay hombres y mujeres que han pasado toda su vida cristiana tratando de probarle a Dios todo lo bueno que pueden ser. Eso es fariseísmo.

Hay gente que no se atreve a levantar sus manos y adorar a Dios porque su relación con Él está basada en su desempeño. Eso es religión.

¿Por qué te culpas y te condenas cuando quieres pedirle algo a Dios? En tu interior tal vez surja una voz que te diga: «No, tú no puedes levantar las manos y adorar porque no has orado lo suficiente». El fariseo que vive en ti es quien está hablándote.

El fariseo se alaba cuando logra orar una hora, pero se condena al infierno cuando no alcanza a hacerlo. Al fin y al cabo todos somos una raza rechazada que fue echada de un paraíso porque nos equivocamos. En esencia, somos hijos rechazados que buscamos comprar afecto a cualquier costo.

El segundo problema del fariseo es el ego, el orgullo. Algunas personas me preguntan: «Danilo, tú tienes la oportunidad de viajar tanto y que la gente te conozca, que cante las canciones de tus discos. ¿Tienes problemas con el orgullo?».

Todos tenemos problemas con el orgullo. Es como preguntarme si tengo dientes, todos tenemos. Aun el hombre más ungido que predica en un púlpito tiene problemas con su orgullo. El orgullo es inherente a la raza humana. Es como el mal aliento, todo el mundo lo sufre menos tú. Para este problema es muy necesario una esposa, esposo o un buen amigo, para que cuando padezcas de ese problema te lo diga de frente.

Brennan Manning, uno de mis escritores favoritos, dijo: «Tú no puedes ser sanado de una enfermedad que no estás dispuesto a confesar». Tú no puedes ser sanado si no sabes que lo padeces. A veces Dios nos lo grita desde el cielo pero ni aún así lo entendemos.

«¿De dónde vienen las guerras y los pleitos entre vosotros? ¿No es de vuestras pasiones, las cuales combaten en vuestros miembros? Codiciáis, y no tenéis; matáis y ardéis de envidia, y no podéis alcanzar; combatís y lucháis, pero no tenéis lo que deseáis, porque no pedís. Pedís, y no recibís, porque pedís mal, para gastar en vuestros deleites» (Santiago 4:1-3).

Dios dice que si no prosperamos es porque hay una raíz mala en el corazón, no alcanzamos las metas que anhelamos porque las deseamos con una razón equivocada: el orgullo. Unos versículos más adelante, la Biblia dice: «Dios resiste a los soberbios, y da gracia a los humildes».

Cuando te preguntas por qué causa no recibes de Dios, acuérdate que Él resiste a los soberbios. Al Señor le apesta la soberbia, entonces se tiene que alejar. Diariamente te envía mensajes diciéndote que tienes mal aliento, pero muchas veces tú no acusas recibo. Cuando oras, la gente cae al suelo, pero no por el poder del Espíritu Santo.

Tu peor enemigo

Jonás no sabía que en esencia era un gran nacionalista y un orgulloso. Quería ser usado por Dios, pero Él lo mandó a Nínive. En su rebeldía, Jonás decide que no tiene ganas de ir y toma un crucero de vacaciones por el Mediterráneo para no ir a predicar allí.

Entonces comenzó un dialogo con el Señor que debió ser algo así:

—Jonás, ¿tú no me pediste que te usara?

—Sí, Señor, pero no quiero ir a Nínive.

—¡Ah! Pero tú no eres el que pone las reglas...

Una gran tormenta se desató y Dios envió un pez enorme que rescató a Jonás de las aguas, tragándolo. Luego de tres días de silencio Jonás cae a cuentas: «¡Ah! Es que yo tengo un problema de orgullo». Se arrepiente, y Dios lo saca de ahí.

Dios resiste a los soberbios. Constantemente envía mensajes, nos habla, pero nosotros no nos damos cuenta, entonces Dios permite circunstancias que nos hacen tambalear. Las circunstancias son las aliadas de Dios para mostrarnos cosas.

A los 17 años me golpeé contra la pared de la rebeldía. Era duro, obstinado, resentido, amargado, hasta que dos años después descubrí que era orgulloso y debía arrepentirme. Entonces Dios comenzó a tratar conmigo.

Tal vez ayunas y oras pero no cambias, porque son otras las llaves que tienes que usar. Ese es el problema. No estoy diciendo que la oración no sea importante, sino que tú debes mirar en tu interior y revisarte frente a la luz de Su presencia. Debes humillarte delante de aquel a quien has lastimado y pedirle perdón. Esa es la llave.

Puedes orar y ayunar por varios días, hasta que quedes piel y huesos, pero la persona a la que heriste o lastimaste seguirá dañada. Eso es porque estás utilizando la llave equivocada. Es entonces cuando Dios nos pone en el vientre de un pez, como lo hizo con Jonás. En ocasiones queremos jugar con Dios a «policías y ladrones», Él nos persigue y nosotros nos escapamos. Entonces Dios dice: «Tengo muchas cosas que hacer en el Universo.

Encerrémoslo en el vientre de un pez y que se le acabe la rebeldía ahí adentro».

Dios permite que algunas circunstancias nos sobrepasen y nos confronten. El enemigo parece estar tan cerca que muchas veces nos parece oler el azufre, y le decimos: «Señor, ¿Por qué permites que llegue tan cerca de mí? Es que huele mal». Y el Señor nos dice desde arriba: «Pues, tú hueles peor».

El problema no es Él, somos nosotros. Somos obstinados y no nos damos cuenta de lo que está sucediendo en nuestro corazón. El enemigo más grande que tienes no está afuera, en el infierno, en la ciudad, está dentro de ti, en tu corazón. Algunos se preguntan: «¿Por qué Dios habrá permitido que consiguiera este trabajo con el peor jefe de la ciudad?» Otros dirán: «¿Por qué permitió Dios que me case con esta persona?». Le pedimos al Señor que cambie a alguien, cuando el mensaje de las circunstancias es que nosotros tenemos que cambiar.

Pero el cambio vendrá cuando inicies el proceso necesario. En el transcurso Dios me confrontó al mostrarme mi corazón. El camino que yo andaba era de muerte, aunque estaba trabajando en una iglesia, porque la religión es en esencia muerte. No hay cosa que le haya hecho más daño a la humanidad que la misma religión. Arthur Burt, un predicador escocés dijo: «Mientras nosotros queramos ser la fuente de lo sobrenatural, estaremos sumidos en la religiosidad».

Buscando su presencia

Para generar un cambio de actitud es necesario iniciar un proceso de intensa búsqueda de su presencia. Con el quebrantamiento del corazón se manifiesta la gloria de Dios. Cuando el hombre renuncia a su propia gloria en lo que está haciendo, Dios puede manifestarse.

Cuando nos damos cuenta que hasta aquí hemos sido unos «religiosos empedernidos» entendemos que solamente la búsqueda de su gloria y su presencia nos ayudará a cambiar. No lo lograremos con nuestras propias fuerzas, será su gloria y su gracia la que nos ayude. Entonces podremos comenzar a reflejar la correcta imagen, la imagen de Dios. A quienes deciden ponerlo a Dios primero, Él los honra con su amistad y presencia.

Moisés era un hombre que presenció obras poderosas de Dios a lo largo de su vida. Nunca olvidó la primera vez que sus oídos respondieron a la voz del Eterno en la zarza. También presenció la manifestación de los poderes de Dios tales como el fuego, la oscuridad, la sangre y la mortandad, los cuales afligieron a Egipto. Quién podría olvidar la escena del Mar Rojo dividido en dos, como abriendo una senda de liberación para un pueblo que estaba a punto de perecer. Ese mismo hombre nos revela un secreto de vida espiritual cuando intercede por su pueblo, en Éxodo 33:11-18.

Moisés clamaba que la presencia de Dios los acompañe. No quería ingresar a la tierra prometida si Su presencia no estaba con ellos, contando además que la paz de Dios iría con ellos. Pero esto no era suficiente para Moisés, él anhelaba algo más: «Señor, muéstrame tu gloria».

El lugar santo ante la presencia de Dios está destinado para gente como Moisés, que tiene hambre de Dios. Personas que no se conforman con las experiencias del pasado, que no se resignan a la religiosidad de su vida, que no se detienen hasta conseguir una vislumbre de la gloria del Dios al que adoran. A.W. Tozer dijo que Dios espera para ser deseado, Él no le muestra su rostro a cualquier persona, sino sólo a aquellas que realmente tienen hambre de Él.

Al día siguiente, Moisés estaba en la cumbre del monte y la gloria de Dios descendió. Esa gloria transformó a Moisés, que cayó en adoración ante su presencia. Aquella gloria quedó estampada en el corazón de Moisés.

Si anhelas un cambio en tu vida. Si deseas ingresar a un nuevo tiempo, un tiempo de cambio, necesitas buscar la gloria de Dios. Él se revelará a tu vida y puedo asegurarte que, al igual que Moisés, nunca más serás el mismo.

Danilo Montero nació en San José, Costa Rica, realizó sus estudios teológicos en el Instituto bíblico de las Asambleas de Dios, al igual que en el Centro de Capacitación de Cristo al Mundo. Tiene más de quince producciones musicales y es autor del libro *El abrazo del Padre* (Casa Creación, 2001), finalista del premio Medallón de oro, prestigioso galardón de la literatura cristiana. Con más de veinte años en el ministerio, Danilo Montero es considerado un pionero de la música cristiana en el mundo hispano. Danilo y su esposa, Gloriana, viven en Houston, Texas en donde son los pastores de la iglesia hispana de Lakewood.

www.sigueme.org

Adora

En majestad

Letra y música: Zaid Velez, Julián Collazos,
David Cisneros
Interpretado por Marco Barrientos
Proyecto "Muéstrame tu gloria",
Aliento Producciones, 2003

Sólo quiero verte en gloria
Sentado en majestad
Reinando en tu trono
Sobre toda autoridad.
Y me expongo a tu presencia
Limpio quiero estar
Para poder entrar, Señor
Y postrarme ante tu altar.
Eres lo que más anhelo, mi Jesús
Venir ante tu trono y adorar
Ser lleno y renovado
Por tu incomparable y perfecta unión
Quiero verte a ti, Jesús
Sentado en majestad.

Contempla

Más allá del quebrantamiento

*«Porque Dios, que mandó que de las
tinieblas resplandeciese la luz, es el que
resplandeció en nuestros corazones, para
iluminación del conocimiento de la gloria de Dios
en la faz de Jesucristo. Pero tenemos este tesoro
en vasos de barro, para que la excelencia
del poder sea de Dios, y no de nosotros».*
—2 Corintios 4:5-7

RECUERDO BIEN aquella noche que me atreví a pedirle algo a Dios. Con pasión y desesperación clamé: «Señor, muéstrame tu gloria, cueste lo que cueste, quiero verte».

Dios me escuchó, y así fue que poco a poco comencé a confrontar situaciones que me llevaron a un quebrantamiento total que me costó mucho.

Una noche, en medio de ese quebranto, entre lágrimas y angustia comencé a quejarme delante de Dios y le pregunté: «¿Por qué?».

Siento decir que lamentablemente no respondió a mi pregunta. No lo hizo, pero ese día recibí una revelación que cambió mi vida. Me mostró la imagen de una joven postrada de rodillas cantando con micrófono en mano y pidiéndole a su Padre Celestial: «Señor, rompe mi corazón, quebrántame, quita de mí todo lo que no te pertenece. Sólo te quiero a ti, te necesito, te entrego el control total de mi vida. Haz de mí lo que tengas que hacer. Quiero conocerte y reflejar tu gloria a las naciones».

Mi respuesta fue: «Oh, ¡no puede ser!». Esa joven era yo algunos meses antes, ministrándole. El buen Alfarero estaba haciendo con mi vida exactamente lo que yo le había pedido. De repente no me molestaba tener miles de preguntas sin respuestas...

¿Cuántas veces has escuchado o cantado esta canción que dice?:

De gloria en gloria te veo
Cuanto más te conozco
Quiero saber más de ti
Mi Dios, cual buen alfarero
Quebrántame, transfórmame
Moldéame a tu imagen, Señor

Cientos de veces he cantado esta canción, de hecho es una de mis predilectas, sin embargo hoy la entiendo mejor y la canto no solo con mi boca sino con mi mente y corazón. He vivido la letra y he visto su gloria.

Uno de los requisitos elementales para tener un encuentro con la gloria de Dios se puede resumir en una palabra: «Quebrantamiento».

Si realmente queremos verlo de gloria en gloria tenemos que buscarlo con pasión y humildad, rendirnos a sus tratos con nuestra vida y estar dispuesto a morir a todo con tal de conocerlo.

Sólo un encuentro con la gloria de Dios es capaz de transformarnos, y sólo su verdadera gloria nos hará cambiar. No debemos temerle al cambio, debemos abrazarlo y anhelarlo. Porque ese cambio traerá quebrantamiento y nos llevará a un lugar de dependencia total en Dios.

Entre gloria y gloria hay un quebranto, y cada quebranto nos purifica y nos transforma más a la imagen de Él. En medio de cada quebranto es posible descubrir otro nivel y otra característica de su gloria. Este es un proceso que cuesta mucho más de lo que podemos imaginar, pero el gozo de verlo de GLORIA EN GLORIA es incomparable.

Cuidado con lo que cantas y lo que le pides a Dios. Para ver su gloria tienes que ser quebrantado y martillado sobre el yunque.

Amigo, ten ánimo, Dios nunca nos quita nada sin darnos algo mucho mayor a cambio. Él quebranta para rehacer. Permite hoy que su carácter sea formado en ti, recuerda que su carácter es SU GLORIA, y si tenemos su carácter reflejaremos su gloria.

– *Liz Edén*

Reflexión

Capítulo 6

Muéstrame tu gloria

por Marco Barrientos

HACE ALGUNOS AÑOS, en medio de un viaje en el que nos encontrábamos ministrando en España, uno de mis amigos y colaboradores más cercanos me hizo una pregunta que me sacudió profundamente. Me dijo:

—¿Por qué le es tan difícil a la gente acercarse a ti?

—¿A qué te refieres? —le respondí.

—Cada vez que pienso en que necesito tratar algún asunto contigo, me pongo a temblar —continuó mi amigo—. Últimamente te has puesto demasiado irritable y serio, y pareciera que siempre estás de malas. Honestamente, a nadie le agrada la idea de venir a entregarte algún reporte porque saben lo que les espera. Al menor indicio de una falla, te molestas y tu rostro cambia. Es tan difícil hablar contigo.

Por supuesto que el comentario de mi amigo al principio me incomodó. ¿A quién le gusta que lo confronten y lo hagan ver las áreas de su vida que son desagradables? Sin embargo, muy pronto me di cuenta que era Dios mismo trayendo convicción a mi corazón con respecto a la condición en la que se encontraba mi vida. Entonces cambié mi actitud defensiva por un genuino interés en llegar al fondo del asunto.

Parece que Dios, en su infinita misericordia, llama nuestra atención en los momentos que más necesitamos escuchar su voz, y lo hace de tal manera que no lo podemos ignorar más.

Al regresar de ese viaje comencé a meditar profundamente en el tema de mis actitudes hacia los demás, de mi carácter, y aún de mi estado de ánimo, un tanto deprimido. Poco a poco, me fui dando cuenta de cuán estresado me encontraba por las demandas del ministerio, y cómo había permitido que se me escapará de entre los dedos el gozo de vivir la vida cristiana.

Comencé a hacerme las siguientes preguntas:

- ¿Será posible que al estar tan ocupados en la obra de Dios extendiendo el mensaje de Jesucristo nos olvidamos de la importancia de *manifestar* el *carácter* de Jesucristo?

- ¿Será posible que al estar tan enfocados en nuestro *trabajo* cotidiano y en las metas que queremos alcanzar, dejamos de disfrutar del gozo de la *convivencia* con aquellos que Dios ha puesto nuestro lado para ayudarnos alcanzar esas metas?

- ¿Será posible que *cumplamos* con los "requisitos" para ser un buen cristiano (orar, leer la Biblia, congregarse fielmente, etcétera) y nos olvidemos de la *misericordia* de Dios, de ese regalo del que tanto nos hemos beneficiado?

El Espíritu Santo había comenzado nuevamente su maravillosa obra de convicción en mi vida y estaba removiendo mi interior y causando una inquietud, trayendo un deseo profundo por ser transformado a la imagen de Jesucristo. Puede apreciar que, a pesar de las fallas de mi carácter, la gentileza del Espíritu Santo al tratar conmigo era extraordinaria. Él nunca fue rudo, áspero o crítico. Más bien comenzó a convencerme, corregirme, instruirme y guiarme con una paciencia y bondad que reflejaban su personalidad divina. La ausencia de dureza o violencia en el trato de Dios conmigo hizo que en mi interior se encendiera un deseo muy intenso por conocer su carácter, por ser más como Él y menos como yo.

Muchas veces había leído el pasaje de 2 Corintios 3:18 sin mayor consecuencia. Este versículo era, sin lugar a dudas, uno de mis favoritos del Nuevo Testamento:

> «Por tanto, nosotros todos, mirando a cara descubierta como en un espejo la gloria del Señor, somos transformados de gloria en gloria en la misma imagen, como por el Espíritu del Señor».

Sin embargo, en esa ocasión, el Espíritu Santo abrió los ojos de mi entendimiento y descubrí que existe una estrecha relación entre «mirar la gloria del Señor» y «ser transformados en la misma imagen de Jesucristo». Eso provocó que se despertara en mi interior un profundo anhelo por ver la gloria de Dios. Fue entonces que el Señor me llevó a meditar sobre un pasaje en el libro de Éxodo, que se convertiría por muchos meses en el enfoque de mi clamor:

> «—¡Déjame ver tu gloria!, —suplicó Moisés.
> Pero el Señor contestó:
> —Voy a hacer pasar toda mi bondad delante de

ti, y delante de ti pronunciaré mi nombre. Tendré misericordia de quien yo quiera, y tendré compasión también de quien yo quiera. Pero te aclaro que no podrás ver mi rostro, porque ningún hombre podrá verme y seguir viviendo.

Dijo también el Señor:

—Mira, aquí junto a mí hay un lugar. Ponte de pie sobre la roca. Cuando pase mi gloria, te pondré en un hueco de la roca y te cubriré con mi mano hasta que yo haya pasado. Después quitaré mi mano, y podrás ver mis espaldas; pero mi rostro no debe ser visto».

—*Éxodo 33:18-23 versión Dios habla Hoy*

Pero, ¿qué es la gloria de Dios?

Muchas veces, cuando pensamos acerca de la gloria de Dios nos imaginamos truenos y relámpagos, o quizás terremotos que sacuden la tierra. Sin embargo, de acuerdo a este pasaje de la Palabra, la gloria de Dios es la manifestación de Su naturaleza y de Sus atributos.

Cuando oramos pidiéndole: «¡Señor, muéstrame tu gloria!», lo que estamos diciéndole en realidad es: «Padre, muéstrame quién eres tú en realidad; muéstrame tu carácter, quiero conocer tu naturaleza, quiero conocerte tal y como tú eres».

Me emociona pensar que en esa revelación de su gloria, Él se presenta de la forma en la que desea ser conocido por nosotros.

Piense un momento en esto: Cuando una persona se presenta ante un grupo de personas, generalmente lo que dice acerca de sí misma son aquellas cosas por las que desea ser recordada. Nadie en su sano juicio cuando se presenta dice algo así: «Hola, me llamo Marco y ronco mientras duermo». Nadie proclamaría de sí mismo algo negativo, sino algo por lo que quisiera ser recordado. De la misma manera, cuando Dios revela su gloria, Él proclama su nombre y revela los aspectos de su naturaleza y su carácter por los cuales Él desea ser recordado.

El propósito de la gloria

Moisés tenía un intenso deseo de conocer la naturaleza y el carácter de Dios. Él había visto el poder de Dios manifestado de diferentes maneras. Había observado el poderoso brazo de Dios manifestarse a favor de Israel en muchas ocasiones. ¿Se imaginan la impresión que se llevó al mirar las aguas del Mar Rojo partirse en dos? ¡Qué manifestación tan extraordinaria del poder de Dios! Moisés también presenció el poder de Dios supliendo todas las necesidades del pueblo de Dios en el desierto: más de 3 millones de personas comieron y bebieron durante años, de una forma milagrosa.

Sin embargo, Moisés no estaba satisfecho. Él quería ver la gloria de Dios. Tanto la anhelaba que Dios le respondió: *«Voy a hacer pasar toda mi bondad delante de ti y delante de ti pronunciaré mi nombre»*.

El Señor mismo le prometió a Moisés que declararía su nombre delante de él, que le daría a conocer su naturaleza al manifestarle su nombre, puesto que en su nombre estaba implícito su carácter. En realidad, el nombre de una persona no sólo habla de su carácter, sino que lo define como individuo. Por esa razón es tan importante el nombre que les ponemos a nuestros hijos al nacer, ya que eso marca y determina en gran medida el desarrollo de su carácter.

He podido constatar esto de una forma práctica en la vida de mis hijos. Una tarde oraba al Señor pidiéndole que bendijera la vida de mi hijo Marco, y en ese momento, debo confesar que me encontraba un poco frustrado por algunas fricciones que había tenido con él. Marco tiene un carácter muy especial, es intenso, persistente y no se detiene fácilmente. Mientras oraba, le pedí al Señor que me ayudara a formar a mi hijo, y que me diera sabiduría ya que muchas veces no entendía por qué mi hijo se comportaba de esa manera. En ese momento sentí que el Espíritu Santo me decía: «Tú le escogiste el nombre». Y por cierto así había sido. Inmediatamente, el Señor me recordó que «Marco» significa «guerrero». Entonces comprendí que, en gran medida, la tenacidad de mi hijo estaba relacionada con su nombre, pues este representaba su carácter y su naturaleza. Por esa razón el Señor muchas veces les cambió el nombre a personas en la Biblia, ya que su nuevo nombre representaba la transformación que Dios había hecho en su carácter.

Dios, lleno de misericordia y de bondad, cumplió el anhelo del corazón de Moisés. Se reveló frente a él y pronunció su nombre, ya que este refleja su carácter, su personalidad:

> «Entonces el Señor bajó en una nube y estuvo allí con Moisés, y pronunció su propio nombre. Pasó delante de Moisés, diciendo en voz alta:
> —¡El Señor! ¡El Señor! ¡Dios tierno y compasivo, paciente y grande en amor y verdad!
> Por mil generaciones se mantiene fiel en su amor y perdona la maldad, la rebeldía y el pecado;

pero no deja sin castigo al culpable, sino que castiga
la maldad de los padres en los hijos y en los nietos,
en los bisnietos y en los tataranietos».

—Éxodo 34:5 versión Dios habla hoy

Dios estaba diciendo a Moisés: «Quiero que me
conozcas y me recuerdes como soy, tierno y compasivo».
Él no se presentó como un Dios que aplasta la cabeza de
sus enemigos y despedaza a sus adversarios. Él escogió
decir: «tierno y compasivo, paciente y grande en misericordia». Seleccionó cuidadosamente sus palabras para
darse a conocer de esa manera.

Pero, ¿cuál era el propósito de tal revelación?: «Ser
cambiados a su imagen». Nunca antes lo había visto así.
Dios le permitió a Moisés ver su gloria para cambiarlo a
su misma imagen.

«Por tanto, nosotros todos, mirando a cara descubierta como en un espejo la gloria del Señor,
somos transformados de gloria en gloria en la
misma imagen, como por el Espíritu del Señor...».

—2 Corintios 3:18

Cuando miramos como en un espejo la gloria del Señor
somos transformados en la misma imagen. Él nos está
diciendo: «Mírate en el espejo de mi gloria; así como soy
yo, tierno y compasivo, grande en misericordia, serás tú».

La revelación de la gloria

Jesucristo es hoy la imagen expresa de quien es Dios.
Cuando el Verbo se hizo carne recibimos una revelación completa de los atributos de Dios puesto que Dios

depositó toda su naturaleza y su carácter en Jesús. Es por eso que el apóstol Pablo les aclara a los corintios que si quieren conocer la gloria de Dios, deben mirar al rostro de Jesucristo.

«Porque Dios, que mandó que de las tinieblas resplandeciese la luz, es el que resplandeció en nuestros corazones, para iluminación del conocimiento de la gloria de Dios en la faz de Jesucristo» .

—*2 Corintios 4:6*

Jesús vino a la tierra a manifestar la gloria de Dios, su misericordia, su bondad y su disposición para perdonar de nuestro precioso Padre Celestial. ¿Qué mayor demostración podría darnos el Señor de sus intenciones para nosotros que el sacrificio de la cruz? Verdaderamente, la gloria de Dios brilla en su máximo esplendor en el rostro de Jesucristo, y es esa luz la que nos cambia cuando permitimos que resplandezca en nuestro corazón.

«Para que habite Cristo por la fe en vuestros corazones, a fin de que, arraigados y cimentados en amor, seáis plenamente capaces de comprender con todos los santos cuál sea la anchura, la longitud, la profundidad y la altura, y de conocer el amor de Cristo, que excede a todo conocimiento, para que seáis llenos de toda la plenitud de Dios».

—*Efesios 3:17-19*

Esta es la revelación de su gloria. Yo no puedo estar arriba, ni afuera, ni debajo de su amor, estoy dentro del amor de Dios. Cuando este misterio es comprendido, cuando Cristo alumbra mi oscuridad y hace su habitación dentro de mi corazón, entonces la gloria ha venido a mi vida.

La manifestación de su gloria

Cuando la gloria de Dios se manifiesta, siempre hay consecuencias. No podemos seguir siendo los mismos. La gloria produce cambios muy profundos en nuestra vida:

- Cambia la forma en la que vemos a Dios y, por tanto, la manera en la que nos relacionamos con Él

- Cambia la forma en la que nos vemos a nosotros mismos y, por tanto, la apariencia de nuestro rostro.

- Cambia la forma en la que vemos a los demás y, por tanto, nuestras actitudes y reacciones hacia la gente que nos rodea.

1. La gloria de Dios cambia nuestra visión de Dios

Cuando Moisés recibió la revelación de la gloria de Dios y finalmente lo vio como un Dios bueno, amoroso y perdonador, se postró sobre su rostro y lo adoró. Al estudiar con cuidado este pasaje entendemos que la revelación de la gloria de Dios cambia nuestra relación con Él en dos formas fundamentales:

a) Nos convertimos en verdaderos adoradores del Dios vivo

Note la reacción de Moisés cuando fue expuesto al brillo de la gloria de Dios. La revelación de Su naturaleza doblegó a Moisés.

> «Entonces Moisés, apresurándose, bajó la cabeza hacia el suelo y adoró».
>
> —*Éxodo 34:8*

Me llama poderosamente la atención que esta es la primera vez que la Biblia menciona que Moisés se postró y adoró a Dios. Es posible que lo haya hecho antes pero no existe ningún registro en las escrituras al respecto. Pero en esta ocasión, se menciona explícitamente que Moisés bajó la cabeza hacia el suelo y adoró al Señor, y lo hizo como una consecuencia directa de haber mirado su gloria. La relación de Moisés con Dios cambió para siempre como resultado de esta experiencia.

Sería bueno recordar en este punto lo que es la verdadera adoración, ya que adorar no significa cantar canciones lentas con violines tocando suavemente en el fondo. Ni tampoco es alguna acción o postura externa que adoptamos para cumplir con un ritual religioso. Ciertamente podemos utilizar la música como un vehículo que nos ayuda a expresar lo que sentimos por Dios en nuestro corazón, pero la música no es un fin en sí misma, es sólo un medio. La verdadera adoración es mucho más que cantar canciones. Tiene que ver con la respuesta de nuestros corazones hacia Dios.

La verdadera adoración es la respuesta espontánea del corazón que ha tenido una revelación de la gloria de Dios y de su increíble amor por nosotros.

- La verdadera adoración es una respuesta de gratitud que ocurre cuando reconocemos que deberíamos haber sido destruidos hace mucho tiempo a causa de nuestros pecados, sin embargo Dios nos ama con amor eterno.

- También es importante aclarar que el poder de Dios y la gloria de Dios son dos cosas diferentes.

Jesús nos enseñó esto cuando concluyó su oración modelo diciendo:

«Y no nos metas en tentación, mas líbranos del mal; porque tuyo es el reino, y el poder, y la gloria, por todos los siglos. Amén».

—*Mateo 6:13*

Mucha gente confunde el poder con la gloria, cuando en realidad son dos cosas totalmente diferentes. Es claro que Moisés había visto muchas veces la manifestación del poder de Dios. Moisés había experimentado la presencia de Dios en la zarza ardiendo, había usado la vara del poder de Dios para sacar a Israel de Egipto, había visto el Mar Rojo abrirse y fue testigo de la provisión de Dios dando de comer y de beber a más de 3 millones de personas en el desierto durante muchos años. Sin embargo, le pidió al Señor que le mostrara su gloria.

Creo importante destacar esto porque podemos orar, cantar, servir en la congregación, hacer muchas cosas para Dios y no necesariamente conocer la gloria del Dios al que servimos, y por tanto, no adorarle en verdad. Sólo cuando tenemos una revelación de la gloria de Dios, nos doblegamos para adorar al Señor con nuestro servicio, ya que concluimos que no podríamos hacer otra cosa ante tal manifestación de misericordia y de bondad.

b) *Nuestra esperanza es restaurada y por lo tanto, el enfoque de nuestras oraciones cambia*

A partir de esta experiencia, Moisés dejó de rogar y suplicar a Dios que no destruyera a Israel. Entendió la naturaleza de Dios, que Él no tenía ninguna intención de destruir a este pueblo, sino que quería ser conocido como un Dios misericordioso y perdonador. Esta revelación trajo paz al corazón de Moisés, y finalmente dejó de pelear y de negociar con Dios. Esta es la misma revelación que desesperadamente necesitamos hoy para ser nuevamente llenos de la esperanza de que no nos quedaremos para siempre cómo estamos, sino que seremos transformados en su misma imagen.

Esta revelación es la que nos "persuade" a no desmayar, a seguir adelante y no rendirnos, a perseverar hasta que el carácter de Dios sea completamente formado en nosotros.

«Estando persuadido de esto, que el que comenzó en vosotros la buena obra, la perfeccionará hasta el día de Jesucristo».

—*Filipenses 1:6*

Recuerdo la historia de una mujer que en una ocasión se acercó a mí para pedir oración por su hijo que andaba en malos pasos. Ella comenzó a relatarme, con lágrimas en los ojos, la situación diciendo: «Estoy desesperada, ya no sé que hacer con mi hijo; es un rebelde, desobediente, grosero y vicioso». Le invité a que presentáramos su petición delante del Señor, ya que Él es el único que podría transformar el corazón de su hijo. Después de haber orado intensamente durante algunos minutos, y haber puesto la vida de su hijo en las manos de Dios, le anime a que confiará en la fidelidad de Dios, y que Él haría más abundantemente de lo que le habíamos pedido. Ella me dio las gracias, y mientras se secaba las lágrimas de los ojos me dijo con una voz triste: «Espero que las cosas cambien, porque ya no puedo más; mi hijo es un rebelde, desobediente, grosero…».

En este punto le interrumpí y le hice ver que con sus palabras estaba destruyendo el pequeño fundamento de fe que había sido establecido en su corazón mediante la oración. Necesitaba cambiar su forma de hablar, su forma de orar, y su forma de ver a su hijo.

Esta mujer había perdido la esperanza de ver a su hijo transformado por el poder de Dios. Se había dado por vencida y en lo profundo de su corazón pensaba que no había más remedio para él. Ella necesitaba una revelación fresca del carácter de Dios, de su misericordia, compasión, bondad y disposición para perdonar. Una revelación de la gloria de Dios que le permitiera volver a creer que aún la persona más torcida y perversa puede ser transformada por el amor de Dios.

Esa fue la revelación que Moisés tuvo cuando vio la gloria de Dios. Se dio cuenta de que, a pesar de lo obstinado y rebelde que Israel había sido hasta ese momento, Dios había comprometido su mismo carácter y naturaleza en el pacto que había hecho con Israel. De ninguna manera sería infiel al compromiso de misericordia que había hecho con la simiente de Abraham. Antes de tener la revelación de la gloria de Dios, Moisés había concluido que Israel era un pueblo rebelde que solamente se corregía con la vara. Pero aún así, Moisés intercedía por el pueblo y siempre clamaba a Dios por otra oportunidad, que no los destruyera.

Moisés había visto la historia repetirse una y otra vez: Israel se rebelaba en contra de Dios, el Señor entonces enviaba una plaga, ellos se enderezaban por un tiempo y después nuevamente se descarriaban. Al observar con detenimiento este ciclo, llegamos a una conclusión sumamente importante: la vara no convierte el corazón, sólo cambia la acción temporalmente. Es la revelación de la misericordia lo que nos desarma completamente y nos lleva a rendirnos, a dejar de resistirnos y de ser obstinados. Comprendemos finalmente las intenciones de Dios para con nosotros y entramos en su reposo. Por la fe abrazamos todo el bien que nos ha manifestado en la faz de Jesucristo y recibimos su misericordia y su bondad.

Cuando tenemos la revelación de la gloria de Dios, dejamos de luchar con Él. Jacob luchó con Dios porque él estaba viviendo bajo un pacto diferente, la gloria de Jesucristo todavía no se había manifestado. Recuerdo que antes de tener esta revelación, mis oraciones eran una representación dramática. En una simple oración comprometía todas mis fuerzas y tensionaba mi cuerpo y mi voz pensando en que sólo así podría obtener la bendición que estaba buscando. Lugo de todo ese esfuerzo pensaba: «No siento nada», entonces volvía a orar con intensidad hasta que no me quedaban más fuerzas.

No me malentienda, yo también enseño lo que es el ministerio del Espíritu Santo en nuestra vida y cómo nos enseña a gemir. Pero no estamos hablando de eso, sino de lo desgastante que es tratar de hacer la obra de Dios en nuestras propias fuerzas, de orar en nuestras propias fuerzas, de tratar de producir un cambio en nuestras propias fuerzas. Nunca tendremos éxito en un trabajo de naturaleza espiritual cuando lo hacemos en el esfuerzo de nuestra propia carne. Es por eso que necesitamos desesperadamente la revelación de la gloria de Dios, que nos hace volver a creer. Le invito a que deje de pelear con Dios. Deje de negociar con Él y ríndase a sus pies, y allí, en ese lugar de reposo, será alumbrado y transformado con el brillo de su gloria.

«Señor, acepto la revelación que me has dado a través de Jesucristo. Has manifestado tu misericordia, tu gracia, tu amor y tu compasión para mí. Gracias porque ya no soy extraño, tú has abierto la puerta, has puesto un lugar a la mesa y ahora puedo disfrutar de todo el bien de tu casa. Tú eres mi padre y yo soy tu hijo, y nada cambiará jamás tu compromiso de bendecirme en Jesucristo».

2. La gloria de Dios cambia la visión que tenemos de nosotros mismos

El rostro de una persona es la expresión externa de lo que hay en su corazón. Basta con mirar la expresión del rostro de una persona para saber cuál es la condición de su interior. El ceño fruncido, la mirada sombría, la expresión triste, son tan sólo reflejos de las cargas del corazón.

Ninguna sonrisa puede cubrir la tristeza que el pecado produce en el interior. Es por eso que el profeta Isaías declara:

«La apariencia de sus rostros testifica contra ellos; porque como Sodoma publican su pecado, no lo disimulan. ¡Ay del alma de ellos! porque amontonaron mal para sí».

—*Isaías 3:9*

Pero tenemos buenas noticias: cuando exponemos nuestra oscuridad interior ante su gloria (su misericordia, su gracia, y su disposición para perdonar) la luz de Dios penetra y alumbra nuestras tinieblas y convierte nuestro corazón. El brillo de la gloria de Dios es tan intenso en

nuestro interior que aún nuestro rostro es transformado.
¡Qué extraordinaria verdad: la gloria de Dios cambia
nuestra faz! Eso fue lo que le sucedió a Moisés.

> «Y aconteció que descendiendo Moisés del
> monte Sinaí con las dos tablas del testimonio en su
> mano, al descender del monte, no sabía Moisés que
> la piel de su rostro resplandecía, después que hubo
> hablado con Dios».
>
> —*Éxodo 34:29*

Moisés vio la gloria del Señor y su rostro fue transformado, su expresión fue cambiada. Él presenció una gloria asociada con la revelación de la Ley, que es la expresión del carácter de Dios. El brillo de la santidad, bondad, misericordia y verdad de Dios era tan intenso que se metió bajo la piel de Moisés y mudó la condición de su rostro. Tanta era la gloria que se reflejaba en él, que tuvo que poner un velo sobre su faz, pues deslumbraba a los que lo miraban. Sin embargo, el apóstol Pablo declara que esa gloria, manifestada cuando la ley fue dada es pequeña comparada con la gloria del ministerio de la gracia de Dios en Jesucristo.

> «Y si el ministerio de muerte grabado con
> letras en piedras fue con gloria, tanto que los hijos
> de Israel no pudieron fijar la vista en el rostro de
> Moisés a causa de la gloria de su rostro, la cual había
> de perecer, ¿cómo no será más bien con gloria el
> ministerio del espíritu? Porque si el ministerio de
> condenación fue con gloria, mucho más abundará
> en gloria el ministerio de justificación».
>
> —*2 Corintios 3:7-9*

La gloria del ministerio de justificación puede ser plenamente apreciada con solo mirar a Jesús. Desde el momento en que el Verbo se hizo carne hasta el sacrificio de la cruz, Jesús mostró las intenciones del Padre Celestial. La gloria de Dios fue revelada en esa demostración de misericordia, bondad y disposición para perdonar. Esa misma gloria la puedes ver hoy en la faz de Jesucristo.

«Porque Dios, que mandó que de las tinieblas resplandeciese la luz, es el que resplandeció en nuestros corazones, para iluminación del conocimiento de la gloria de Dios en la faz de Jesucristo».
—*2 Corintios 4:6*

Pablo sabía bien lo que estaba diciendo. Había vivido por muchos años en las tinieblas del régimen de la Ley y, lejos de ser una persona que mostrara el carácter bondadoso y misericordioso de Dios, se había convertido en un ser legalista, agresivo y violento, que perseguía y asolaba a la iglesia. Saulo de Tarso era básicamente un hombre desalmado, hoy podríamos llamarlo «un desgraciado». No tenía gracia, solo ley. Aquel hombre que consintió en el asesinato de Esteban tuvo una extraordinaria experiencia con la gloria de Dios en el camino a Damasco, que lo transformó para siempre.

«Mas yendo por el camino, aconteció que al llegar cerca de Damasco, repentinamente le rodeó un resplandor de luz del cielo; y cayendo en tierra, oyó una voz que le decía: Saulo, Saulo, ¿por qué me persigues? Él dijo: ¿Quién eres, Señor? Y le dijo: Yo soy Jesús, a quien tú persigues; dura cosa te es dar coces contra el aguijón».

—*Hechos 9:3-5*

Piensa por unos instantes en la forma en la que Jesús se manifestó ante Saulo:

- Lo primero que hace es rodearlo con su luz. Eso es precisamente lo que necesitaba pues todo su odio y violencia procedían de un corazón entenebrecido.

- Después, le habla por su nombre dos veces, haciéndole ver su interés en él como persona.

- Finalmente, se enfoca en el daño que se está haciendo a sí mismo como consecuencia de sus acciones en vez de centrar su atención en su perversidad.

Tal vez pienses que Saulo era una persona terrible y que no se merecía que Jesús le tratara con misericordia. Si tú y yo fuéramos Dios lo hubiéramos hecho polvo, esa hubiera sido nuestra gloria. Pero el Señor es Dios tierno y compasivo y le mostró su gloria. Lo que Saulo necesitaba para cambiar no eran golpes de juicio sino conocer la misericordia de Dios. Necesitaba la revelación de Jesucristo en su interior que lo revolucionaría para siempre.

«Pero cuando agradó a Dios, que me apartó desde el vientre de mi madre, y me llamó por su gracia, revelar a su Hijo en mí, para que yo le predicase entre los gentiles, no consulté enseguida con carne y sangre».

—*Gálatas 1:15-16*

El apóstol Pablo reconoció que dentro de él había mucho más que una doctrina o un conocimiento intelectual. Él tenía la revelación de quién es Cristo, de su gracia, su misericordia y su amor. Esta revelación se había convertido en la fuente de todo lo que él era y de todo lo que hacía. Era la misma esencia de su vida. Por esa revelación llegó a decir:

> «Y ciertamente, aun estimo todas las cosas como pérdida por la excelencia del conocimiento de Cristo Jesús, mi Señor, por amor del cual lo he perdido todo, y lo tengo por basura, para ganar a Cristo».
>
> —*Filipenses 3:8*

Pablo estaba diciendo: «Mis títulos, mi posición, mis riquezas, lo tengo por basura, porque esta revelación que tuve es más valiosa que todo lo que poseo».

3. *La gloria de Dios cambia nuestra visión de los demás*

Una vez que recibimos la revelación de la gloria de Dios no podemos seguir tratando a los demás de la misma manera. Y cuando digo que no podemos, no me refiero a la inconveniencia de hacerlo, sino a la imposibilidad. La forma en la que tratamos a los demás cambia radicalmente cuando nuestro corazón finalmente se rinde ante la misericordia de Dios, puesto que la naturaleza de nuestro carácter es cambiada. Tanto Moisés como Pablo experimentaron un cambio radical en su carácter:

- Moisés pasó de ser un hombre violento e impulsivo, a ser el hombre más manso sobre la tierra.

- Pablo dejó de ser un hombre amenazador y se convirtió en un ejemplo de docilidad a la voluntad de Dios.

Es por esta razón que, cuando conocemos la naturaleza y el carácter del Dios misericordioso, bondadoso y perdonador, debemos ajustar nuestras relaciones interpersonales de acuerdo a la revelación que hemos recibido del carácter de Dios y expresar nuestra nueva naturaleza hacia otros, y así mostrarles cómo es nuestro Dios. En realidad, somos deudores de la gracia que hemos recibido.

«Quítense de vosotros toda amargura, enojo, ira, gritería y maledicencia, y toda malicia. Antes sed benignos unos con otros, misericordiosos, perdonándoos unos a otros, como Dios también os perdonó a vosotros en Cristo» .

—*Efesios 4:31*

Este pasaje claramente nos enseña que, aun después de haber experimentado la misericordia de Dios sobre nuestra vida, tenemos que tomar la decisión de actuar de acuerdo a esa misericordia hacia los demás. Suena sencillo de hacer, pero para lograrlo debemos primero de ser libres de toda la frustración que hemos acumulado a causa de las fricciones que hemos tenido con otras personas.

Durante muchos años no me di cuenta de que la fuente de la mayoría de mis conflictos interpersonales y de mi irritabilidad era una frustración interior que sentía por no poder cambiar ciertas áreas débiles en mi carácter. Mientras más me esforzaba por cambiar, más frustrado me sentía al fallar otra vez. Y cuando esta frustración se acumula durante un periodo prolongado de tiempo, la consecuencia es una disposición irritable y agria hacia los demás.

Nuevamente pienso en Moisés, en las luchas que tuvo con su propio carácter, en cómo fue desafiado constantemente por la rebeldía de Israel a volver a su personalidad impulsiva y explosiva, y cómo el rendirse a esa tentación le costó muy caro. De la historia que vamos a leer a continuación entendemos una importantísima verdad:

No podemos representar mal a Dios al maltratar a Su pueblo

«Y se fueron Moisés y Aarón de delante de la congregación a la puerta del tabernáculo de reunión, y se postraron sobre sus rostros; y la gloria de Jehová apareció sobre ellos. Y habló Jehová a Moisés, diciendo: Toma la vara, y reúne la congregación, tú y Aarón tu hermano, y hablad a la peña a vista de ellos; y ella dará su agua, y les sacarás aguas de la peña, y darás de beber a la congregación y a sus bestias. Entonces Moisés tomó la vara de delante de Jehová, como él le mandó, se postraron sobre sus rostros; y la gloria de Jehová apareció sobre ellos. Y habló Jehová a Moisés, diciendo: Toma la vara, y reúne la congregación, tú y Aarón tu hermano, y hablad a la peña a vista de ellos; y ella dará su agua, y les sacarás aguas de la peña, y darás de beber a la congregación y a sus bestias. Entonces Moisés tomó la vara de delante de Jehová, como él le mandó. Y reunieron Moisés y Aarón a la congregación delante de la peña, y les dijo: ¡Oíd ahora, rebeldes! ¿Os hemos de hacer salir aguas de esta peña? Entonces alzó Moisés su mano y golpeó la peña con su vara dos veces; y salieron muchas aguas, y bebió la congregación, y sus bestias».

—*Números 20:6-11*

Moisés había visto la gloria de Dios. Su rostro había cambiado, pero aun seguía mirando a Israel de la misma forma, como un pueblo rebelde y obstinado. Ciertamente que esa reputación se la tenían bien ganada, puesto que muchas veces habían actuado en abierto desafío a la Palabra de Dios. Estoy seguro de que Moisés sentía un cierto resentimiento en contra de Israel por la forma en la que lo habían tratado y, desgraciadamente, esa actitud lo llevo a reaccionar de forma incorrecta delante del pueblo de Dios.

En lugar de hablarle a la peña como el Señor le había indicado, Moisés reunió a la congregación, levantó la vara y con enojo la golpeo dos veces. La frustración de Moisés lo hizo nuevamente perder el control y tratar de recuperar el respeto del pueblo a través de alzar la voz y de actuar violentamente. Dios honró el liderazgo de Moisés a pesar de que no siguió sus instrucciones e hizo que brotara agua para que el pueblo bebiera. Sin embargo, la tristeza del corazón de Dios fue grande, porque Moisés lo había representado de una forma equivocada ante el pueblo. Dios anhelaba una relación de amor con Israel, no de temor. La acción de Moisés reafirmaba en la mente del pueblo el concepto equivocado de un Dios irritable y violento. Por esa razón le dijo a Moisés:

«Por cuanto no creísteis en mí, para santificarme delante de los hijos de Israel, por tanto, no meteréis esta congregación en la tierra que les he dado».

—*v.12*

El dolor del corazón del Padre fue que Moisés no lo santificó delante de Israel, que lo representó indebidamente. Casi puedo escuchar a Dios diciéndole a Moisés: «Yo no soy así, ese no es mi carácter. Mi naturaleza no es golpear y gritar; no es herir y destruir, sino mostrar misericordia». Moisés hubiera podido argumentar: «pero Señor, son muy rebeldes y obstinados», a lo que Dios respondería: «Es cierto, lo son, por eso la única esperanza es que me conozcan como el Dios de la misericordia, y solo entonces se someterán de corazón y podrán acercarse a mí confiadamente, sin temor».

Esa era la revelación que Jacobo y Juan necesitaban. Habían reaccionado con enojo e indignación porque los samaritanos no les habían recibido y querían darles su merecido. Pero, ¡cuan diferente es el corazón de nuestro precioso Dios!

«Viendo esto sus discípulos Jacobo y Juan, dijeron: Señor, ¿quieres que mandemos que descienda fuego del cielo, como hizo Elías, y los consuma? Entonces volviéndose él, los reprendió, diciendo: Vosotros no sabéis de qué espíritu sois; porque el Hijo del Hombre no ha venido para perder las almas de los hombres, sino para salvarlas. Y se fueron a otra aldea».

—*Lucas 9:54-56*

Sólo el conocimiento de la gloria de Dios doblegará nuestro corazón y nos hará libres de la frustración que alimenta la irritabilidad. Sólo eso nos librará de golpear la peña, que es un tipo del Cuerpo de Cristo, con nuestras palabras y nuestras acciones. Si eres un líder espiritual en algún área dentro de la iglesia y tienes el privilegio de estar de pie frente a una congregación, Dios te dice: «Háblale a la peña, no la golpees más».

Como Moisés, doblega tu corazón ante la manifestación de la gloria de Dios y permítele sacar de tu corazón la frustración que se ha acumulado a lo largo del tiempo y te ha convertido en una persona irritable y agresiva.

La gloria de Dios no es un trueno, un relámpago ni un terremoto. Es la manifestación de Su misericordia para ti. Esa revelación, esa gloria cambiará tu relación con Él. Descansarás, ya no lucharás más con Dios y renacerá la esperanza en tu vida. Recibe ahora una revelación de su misericordia. Él está dispuesto a perdonarte y animarte a ingresar a una nueva dimensión en la que serás transformado a la imagen de Cristo.

Marco Barrientos es un reconocido ministro de alabanza profética y cántico nuevo. Conferencista internacional, director de alabanza y adoración, actualmente es presidente de Amistad Cristiana Internacional y Aliento Producciones. Junto a su familia y equipo de trabajo persigue el fortalecimiento de la comunidad hispana en los Estados Unidos. Actualmente Marco ministra como maestro y líder de alabanza en el Instituto Cristo para las Naciones en Dallas, Texas. Es el pastor de la iglesia Centro Internacional Aliento.

www.aliento.org

Adora

Muéstrame tu gloria

Letra y Música: Cindy Cruse Ratcliff
Interpretado por Ivonne Muñoz
Proyecto "Muéstrame tu gloria",
Aliento Producciones, 2003

Muéstrame tu gloria
Muéstrame tu gloria
Y contemplar la hermosura de tu santidad
Muéstrame tu gloria
Te anhelo mirar
Y quieto estaré y conoceré tu gloria.
En mi corazón yo te deseo a ti

Háblame y te responderé en humildad
Aquí estoy
Cúbreme, Señor.

Contempla

Muéstrame tu rostro

*«Te ruego
que me muestres tu gloria».*
—Éxodo 33:18

LA PRIMERA vez que escuché la canción «Muéstrame tu gloria», mi espíritu se elevó en una intensa adoración. Sentí su presencia tan palpable que mi alma cantaba con toda la pasión que posee y mi corazón palpitaba de desesperación por su gloria.

Entonces surge en mi interior un nuevo deseo: «¡Señor, MUÉSTRAME TU ROSTRO, estoy desesperada por verte!». En ese momento no importa si eres la persona más paciente del mundo, tu clamor es: «Anhelo tanto verte que si tendría que esperarte en quietud y silencio, lo haría. Pero deseo contemplar tu hermosura sólo por un segundo. Estar escondida en la palma de tu mano y ser cubierta con tu gloria». Moisés fue el primer valiente en la historia del mundo en atreverse a pedir algo que ni Abraham, el padre de la fe y amigo de Dios, tuvo el valor de pedir. Dios escuchó el clamor de este hombre manso, pero le advierte: «Nadie ha visto mi gloria y sobrevivió para contarlo». Sin embargo, Moisés descubrió que la mano de gracia de Dios lo escondió entre una roca y le permitió ver sus espaldas.

Así fue que el anhelo de ver su gloria se cumplió, y su vida nunca más fue igual, su vida cambió, su adoración cambió, y como consecuencia del encuentro su rostro también cambió. Imagina entonces que esto le ocurrió a Moisés con tan sólo ver las espaldas de nuestro Dios. ¿Crees posible que ese mismo Dios te muestre su gloria? ¿Qué harías tú por verlo? ¿Estás dispuesto a detenerte en silencio para escuchar su corazón? Dios desea revelarnos su rostro, pero sólo en la quietud de su presencia encontraremos lo que nuestra alma más anhela. Cuando nuestro corazón clama en desesperación: «Señor, muéstrame tu gloria», la respuesta de Dios a ese clamor puede ser como la que salió del corazón de Dios en un canto espontáneo a través de los labios de Marco Barrientos la noche que se grabó «Muéstrame tu gloria», proyecto que inspiró estas páginas:

Muéstrame tu rostro, amada mía
Muéstrame tu rostro, amiga mía
Paloma mía,
¿Por qué te escondes
En los agujeros de la peña?

Muéstrame tu rostro,
Muéstrame tu rostro.
Muéstrame tu rostro y yo lo haré brillar
Brillar con mi luz
Brillar con mi gloria.

Muéstrame tu rostro
Muéstrame tu rostro, amiga mía
Paloma mía,
Sal de allí.
Muéstrame tu rostro, amiga mía
Muéstrame tu rostro, iglesia mía
Lo haré brillar
Con la luz de mi gloria
Resplandecerá.

Sal de tu escondite
Y muéstrame tu rostro
Y yo lo haré brillar
Con la luz de mi gloria

Resplandecerá

Muéstrame tu rostro, dice el Señor.
Me has pedido, 'Muéstrame tu gloria'
Mas en esta noche yo te digo a ti
Muéstrame…
Muéstrame…
Muéstrame tu rostro
No te escondas mas de mí
Has pensado yo soy fea
Tú has dicho…
Mi pecado está sobre mí
Mas yo te digo
Sal de tu escondite
Sal de tu cueva
Sal de tu agujero
Muéstrame tu rostro
Y entonces conocerás el brillo de mi gloria
Y sabrás que no te destruiré
Que no te abandonaré.
Conocerás mi gloria, mi misericordia
Probarás de todo el bien de mi casa
Beberás de todo el bien de mi corazón.
Sal de tu escondite
Muéstrame tu rostro
Y verás mi gloria.

— Liz Edén

Reflexión

Capítulo 7

La gloria de su amor

por John Burns

«¿EN VERDAD QUIERES tener una vida exitosa? ¿Quieres hacer una diferencia en tu vida? Es muy sencillo, solo haz tres cosas: Ama a Dios, ama a tu esposa y no lo eches a perder» me dijo mi amigo, el doctor Lester Semarall, quien fue una gran influencia espiritual en mi vida.

Cada uno de nosotros puede cambiar el mundo. Todo lo que hagamos puede contar para la eternidad. Un día estaremos en la presencia de Dios y escucharemos:

«Bien, buen siervo y fiel; sobre poco has sido fiel, sobre mucho te pondré; entra en el gozo de tu señor».

—*Mateo 25:21*

Imagino el día que entre por las puertas abiertas con el gozo del Señor, podré escuchar un gran ruido de aplausos y vivas, porque toda esa gente estará en el cielo por ti. Tu vida contará por miles de personas.

Vive correctamente, y después de muchos días habrás

logrado muchas cosas. Mirarás atrás, y dirás: «¡Gracias Señor!». Entonces conocerás la gloria de Dios.

La luz de su gloria

Su gloria es su brillo, son sus sabores, sus colores, sus sonidos, es más de lo que podemos imaginar o pensar. La gloria de Dios no es para nosotros, sino para que el mundo vea a través de nosotros.

Jesús dijo en Mateo 5: «Tú eres la luz del mundo». No generamos nuestra propia luz, somos como un foco que emite la luz de su gloria. La luz es solamente útil donde hay oscuridad, ya que esta desaparece cuando es iluminada.

Nosotros somos la luz del mundo, y debemos brillar. Debemos dejar que nuestras obras brillen para que el mundo glorifique a Dios. Cuando Dios trabaja en nuestra vida, así como la electricidad en las lámparas, la oscuridad se va y el reino de Dios se expande. ¡Yo quiero que eso suceda en mi vida! Anhelo que a cada lugar donde vaya, la gente vea en mí la gloria de Dios. Quiero entrar en un cuarto y que este se ilumine. Quiero que la gente perciba que hay algo diferente en mi vida. No puedes verla con tus ojos físicos, no puedes sentirla ni puedes oírla, pero puedes percibir que hay algo diferente, y es la gloria de Dios.

Jesús nos enseñó que oremos: «Venga tu reino». Nuestro trabajo es traer el cielo a la tierra. Cuando la gente venga ante nosotros, tiene que venir a su presencia, y ese es su reino. Ellos pueden no saber de esta diferencia, pero la hay.

¿Te ha sucedido que al entrar por primera vez a una iglesia y ver a todos alabando a Dios, sin haber estado tú involucrado en esa adoración, el cabello de tu nuca comenzó a erizarse? Algo diferente había en ese lugar. No sabes la razón pero comienzas a llorar. No sabes qué es, pero lo amas.

¡Esa es la gloria de Dios!

La electricidad pasa a través de esas lámparas, y la gente ve la diferencia cuando la luz está encendida. Dios fluye a través de nosotros, y los demás observan la diferencia. ¿Qué es lo que ven? ¿Cuáles son las obras que se supone debemos hacer?

Algunas personas serán legalistas y querrán hacer buenas obras: «Haz esto, haz lo otro, no hagas esto, no hagas aquello». Pero no se trata de lo que hacemos sino de lo que somos. No es el «hacer» sino el «ser». La obra que Dios hace es cambiarnos a nosotros. Conforme vamos siendo transformados, el mundo ve su gloria.

Compartir su gloria

Ejercí mi profesión de odontólogo durante diez años y conozco mucho acerca de los dientes y de los músculos faciales. Si tomas la cabeza de una persona, la pones en medio de una prensa y comienzas a apretar los músculos de alrededor los ojos de tal forma que no puedan girar más, sus ojos quedarán fijos y mirarán en una sola dirección. Al cabo de dos o tres minutos la persona quedará ciega por la falta de reacción cerebral, ya que el cerebro solo detecta cambios. Si el ojo no recibe nuevas imágenes para ser enviadas al cerebro, inmediatamente la visión es anulada.

Este ejemplo me enseñó una buena lección. El mundo

sólo ve cambios. Si dejas de cambiar te vuelves invisible. Muchos adultos son invisibles, han dejado de crecer, y de cambiar.

Necesitamos a Dios en nuestra vida para que nos transforme. Sólo Él puede hacerlo. Creo que la fuente de poder es tocar el corazón de Dios. Su plan es que seamos uno con Él, así como el matrimonio.

En Efesios 5:31, Pablo cita al Génesis, y dice: «*Por esto dejará el hombre a su padre y a su madre, y se unirá a su mujer, y los dos serán una sola carne*». Él está hablando definitivamente de una unión, de hacerse uno, físicamente, mentalmente y espiritualmente. Es el acto de intimidad en el matrimonio, que por cierto, es mucho más que el sexo. Nuestro mundo está en aprietos, una de las razones es porque Hollywood enseña el sexo en su forma pervertida. Enseñan que el sexo es un evento físico, cuando ante los ojos de Dios es mucho más que eso, es amor.

Necesitamos ir a la presencia de Dios y tocar su corazón para tener el poder de darnos a otros. El matrimonio es un compromiso de entregarme a otro para toda la vida. Por eso es que el sexo en el matrimonio es mucho más que un evento físico.

Pablo dijo que la única cosa que se puede comparar a esa intimidad en el matrimonio es la intimidad que tenemos con Dios. Dios quiere que seamos como la esposa que viene a su presencia, y lo dejemos que nos ame.

Primera Corintios 11:7 dice que los hombres son la gloria de Dios, así como la esposa es la gloria del marido. Durante muchos años no comprendí lo que esto significaba. Dios no está discriminando entre hombres y mujeres. La Biblia ordena al esposo que ame a su esposa, y conforme él la ama, ella le corresponderá amándolo. La gloria de la esposa es el reflejo del amor de su esposo. De la misma manera, la gloria que nosotros reflejamos es el resultado de su amor. Así como la esposa le permite al esposo que la ame, necesitamos permitir que Dios nos ame a nosotros.

Hay dos lugares donde no te puedes esconder. El primer lugar es en el sexo, si estás casado. Allí no puedes esconderte, no puedes actuar, tienes que ser tú mismo, es un lugar vulnerable, de riesgo. El otro lugar donde no puedes esconderte es en la adoración. Cuando vas delante de Dios no te puedes esconder.

Permite que Dios te ame y que su Palabra encuentre cabida en tu corazón. La Biblia dice que la Palabra de Dios es la semilla de la vida eterna. Cuando entra en nuestro corazón nos «embarazamos» con milagros. Luego de haber estado en Su presencia llevamos un brillo especial en nuestro rostro. Dios quiere que nuestra vida brille.

«En el principio era el Verbo, y el Verbo era con Dios, y el Verbo era Dios».

«Y aquel Verbo fue hecho carne, y habitó entre nosotros (y vimos su gloria, gloria como del unigénito del Padre), lleno de gracia y de verdad».

—*Juan 1:1, 14*

Jesús es la gloria de Dios hecha carne. Tú no puedes cambiarte a ti mismo, Dios tiene que cambiarte. No puedes ingresar a un laboratorio y fertilizar tu propio corazón para que dé fruto. Puedes actuar como si estuvieras embarazado, pero con el tiempo el mundo sabrá que ningún fruto sale de ti. Es necesario tener una relación de intimidad con Dios para que Él te cambie, al punto que el mundo vea la diferencia.

Amar a la gente

Cuando te enamoras de Dios también lo haces de las cosas de las cuales Dios está enamorado. Por lo tanto, el primer cambio que habrá en nosotros es el amor hacia la gente. Tú siempre sabrás si has estado en la presencia de Dios porque amarás a la gente, y el mundo lo verá en tus relaciones.

Me gusta enseñar acerca del matrimonio y la familia, porque es el principio de todas las relaciones. Mi esposa y yo tenemos un programa de televisión en Canadá, y la gente nos escribe para preguntarnos acerca de la familia y los vínculos afectivos. Es un programa secular muy popular, y casi todas las preguntas son acerca de niños pequeños y problemas familiares. Si podemos corregir a las familias, podremos corregir naciones. De esa manera mostramos la gloria de Dios viviéndola en casa.

Si la Biblia no funciona en tu casa no la prediques desde el púlpito, eso es lo que el mundo está reclamando. A Dios le importa la gente. La gloria de Dios será vista por todos cuando nosotros miremos a la gente y la amemos.

Durante muchos años fui un profesional muy ocupado y además un ministro de Dios. En ese momento tenía tres niñas pequeñas y una esposa maravillosa. Las extrañaba mucho ya que mi escaso tiempo no me permitía disfrutar de ellas como deseaba. Un día, de camino a casa luego de un viaje, Dios me dio una idea, compré una hermosa tarjeta, escribí un mensaje y la coloqué sobre la almohada de la cama de mi hija mayor: «Querida Ángela, por favor ¿podrías ser mi cita especial el jueves por la noche? Papi». Mi mundo cambió totalmente, era tan pequeño, todo se trataba de mí.

El jueves siguiente, cuando regresé a casa, entré y al mirar la escalera que llevaba al piso superior vi a mi hija, mi reina de ocho años, que se había peinado y vestido para papá. Se podía notar que había pasado entre dos o tres horas poniéndose hermosa para mí. Comenzó a bajar las escaleras, despacito, como marchando para una boda. Tú sabes que cada niña desde pequeña practica los pasos de la marcha nupcial para su boda, para caminar hacia el altar con el hombre más importante de su vida. Y esa noche ese hombre era yo, estaba tan sorprendido de que ese hombre fuera yo. Subí a mi habitación, me puse mi mejor traje, la tomé del brazo, y por primera vez le abrí la puerta del automóvil. La llevé al mejor restaurante, cenamos a la luz de las velas. Me preguntaba, ¿cómo se hablaría con una niña de ocho años? No tenía ni la menor idea. ¡Mi mundo era tan importante! Ella sólo era una niña.

Comencé la conversación preguntándole acerca de cómo había sido su día, cómo iba en la escuela, cómo eran sus amigos y cuáles eran sus nombres. Rápidamente ella empezó a hablar, y a contarme todo lo que había en su vida. Poco después estábamos tomados de la mano, con lágrimas corriendo por nuestras mejillas, y pensé: «Nunca dejaré de hacer esto». Por lo tanto, una vez al mes tuve citas especiales con cada una de mis hijas durante los últimos 20 años. Esa es la mejor decisión que he hecho en ese tiempo.

Las protegí de todos los muchachos equivocados. Cuando ellos venían a tocar a la puerta de la casa, si no daban la medida de su papá, no pasaban de la puerta. Si tienes hijos necesitas invertir tu vida en ellos. Eso significa planear tiempo especial para ellos. Compra un calendario, ponlo en el refrigerador, al nivel de los ojos de tus hijos, y una vez al mes, antes de que pongas cualquier otra cosa, pon su nombre allí, te darás cuenta de que ellos lo mirarán una y otra vez. Ellos estarán mirando su nombre. Ese esquema en el refrigerador les demostrará que son especiales.

Cuando los que hoy son sus esposos me pidieron la mano de mis hijas en matrimonio, les dije: «Sí, pero me reservo el privilegio de tener citas especiales con ellas por el resto de sus vidas». Cuando yo tenga 80 y ellas 50, como sea tendremos citas.

A los tres meses de haber comenzado con esta tradición familiar, tuve una revelación: ¿Por qué no tengo citas especiales con mi esposa? Hace más de 29 años que estamos casados, y tenemos una cita romántica muy especial por lo menos una vez a la semana. Esto es para la gloria de Dios. La gente ve nuestra vida y nos dicen: «Lo que hay en sus vidas, ¡lo quiero!». Es la presencia de Dios, es el amor de Dios, es tan atractivo, es como un imán.

Afectando las generaciones

Junto a mi esposa tenemos un show muy popular en la televisión canadiense, es el número uno de rating en todo Vancouver. La gente se pregunta ¿por qué razón es tan exitoso? La respuesta es porque les gustamos. Tenemos algo especial, tenemos el amor de Dios, y lo mostramos. Y nuestra familia está saludable. Es tan fácil.

Cuando la Madre Teresa estaba recibiendo el Premio Nobel de la Paz, alguien le preguntó: «¿Qué podemos hacer para promover la paz mundial?» Ella simplemente dijo: «Ve a tu casa y ama a tu familia. Ve a tu casa y ama a tus hijos».

Amar a nuestros hijos no se trata solamente de nosotros, ni siquiera de ellos, sino de las generaciones que vienen.

«El bueno dejará herederos a los hijos de sus hijos; pero la riqueza del pecador está guardada para el justo».

—*Proverbios 13:22*

Por lo general hablamos acerca de la herencia de los malvados, pero este texto habla de la herencia que el hombre sabio dejará a sus hijos. Yo no sé si tú eres un hombre bueno, hasta que veo a los hijos de tus hijos.

Cuando tocas el corazón de Dios, Él te llena de su gloria. Guarda esa plenitud en el banco del amor de Dios, y luego gástalo. ¿Cómo? Dando tu vida, tus palabras a los demás. Cuando compartes amor con los demás, compartes de su gloria. Ama a Dios, llena tu tanque, y luego ve y entrégalo.

Una de las formas en la que podemos darlo es tocando. El toque es una acción sobrenatural. ¿Sabías que las mujeres tienen diez veces más receptores táctiles en su cuerpo que los hombres? La mayoría de las mujeres piensan que son raras porque les gustan los abrazos. Muchas esposas preferirían tener un abrazo que sexo, y la mayoría de los hombres dirían: «¿qué?». Dios nos hizo así. El toque expresa muchas emociones.

Hace seis años aprendí una gran lección. Mi hija Danika había estado luchando con un desorden de alimentación. Estaba lidiando con anorexia y bulimia. La anorexia es cuando te matas de hambre, y bulimia es cuando comes y comes, y luego te provocas el vómito. Todo eso es el resultado de que no te gustas a ti mismo.

¡Cuando nos dimos cuenta de esto intenté arreglarlo! Mi actitud fue la del «típico macho»: «Yo lo puedo arreglar». Pero eso no era lo que ella necesitaba. Intentamos todo. Clamé a Dios y le dije: «Señor, haré cualquier cosa, daré cualquier cosa, pero por favor, haz que mi hija sea saludable otra vez». Conforme clamé al Señor, Él me respondió. No escuché una voz en el cielo ni vi un relámpago, pero sentí la confianza que Él impartió en mí.

Mi Padre celestial me dijo: «Todo va a estar bien». Cuando Papá lo dice, hay paz. Entonces tuve paz, pero tenía que transmitirla de mi corazón al corazón de mi hija, y no sabía cómo hacerlo. Un día estaba en la cocina y ella entró. No parecía estar muy feliz con ella misma. Entonces le dije: «Dánika, ven». Conforme ella se acercó, la envolví en mis brazos y le di un abrazo. Luego de un corto tiempo intentó soltarse, pero no la dejé ir. Entonces me abrazó un poco más. Luego me soltó pensando que ya era todo, pero no la dejé ir… hasta que finalmente comprendió que no dejaría que se escape de mi abrazo. No luchó más, simplemente se derritió y me permitió amarla. Yo sólo la sostuve, y le acerqué su cabeza a mi corazón. Sentí mis lágrimas mojando su cabello, y de mi corazón brotaron estas palabras: «Danika, te amo. Siempre te he amado, nada de lo que hagas cambiará mi amor por ti. Eres mi princesa, siempre lo serás…». La sostuve, y ella lloró. Sentí cómo apretaba su cabeza a mi pecho, y sabía lo que estaba haciendo. Ella estaba escuchando el corazón de su papá.

El regalo más valioso que tenemos para nuestros hijos es nuestro corazón. Necesitamos entregárselo. Reconocí el milagro que estaba sucediendo en el corazón de mi hija, y conforme ella se empezó a levantar en su interior, extendió sus alas y empezó a soñar de nuevo… Ella supo que en los brazos de su papá todo estaría bien. Estaba segura. Estaba en casa. Estaba libre… Los brazos de papá son más fuertes de lo que tú eres, solamente tienes que permitirle abrazarte.

¿Sabes por qué los papás tenemos una voz tan grave? La voz en tonos graves trae paz. Hace que todas las tormentas se vayan. Cada niño es un milagro en el suelo del amor incondicional. Allí es donde cada niño debe de ser plantado.

Desde ese momento mi hija comenzó a mejorar. Ahora ella ha escrito un libro en donde enseña cómo ser libre de esa enfermedad. ¡Ella es un milagro! Todo gracias al amor de Dios.

El Dr. Larry Hill habla en uno de los capítulos anteriores acerca del perdón. Hay mucha gente que no ha perdonando a su papá. Durante una visita a Rusia estuve con un grupo de hombres, y hablábamos de cómo una persona necesita el abrazo estremecedor de un padre y escuchar palabras como: «Estoy orgulloso de ti. ¡Me alegra que seas mi hijo y que yo sea tu papá!». Cuando les pregunté cuántos de ellos habían escuchado esa frase de boca de su padre, ni una sola mano se levantó. Les pregunté, ¿cuántos hubieran querido escuchar eso? Y todas las manos se levantaron.

La ausencia del amor del «padre» produce un vacío y Dios quiere llenarlo. Algunos me dicen: «Es fácil para ti. Tú tienes un papá que siempre ha hecho eso». Lamento decir que eso no es así. Amo a mi papá. Soy el segundo de once hermanos, cinco varones y cinco mujeres. Mi papá era un hombre muy ocupado y nunca me dijo «Hijo, te amo», nunca me dio un abrazo ni le escuché decirme que estaba orgulloso de mí. Pero lo obtuve de Dios. Mi Padre celestial me dio eso. Entonces yo se lo enseñé a mi papá. Le dije: «Papá, pon tus brazos alrededor de mí, dime que estás orgulloso de mí. Dime que me amas. ¡Necesito oírlo!». Entonces comenzó a llorar, y me dijo cuán orgulloso estaba de mí. Me dijo: «Johnny, te amo». Ahora siempre que visito a mi papá, me abraza y me dice que está orgulloso de mí.

Podemos obtener la aprobación y el amor de Dios para después darlo a otros. Nosotros podemos ser esas luces que reflejan su gloria. Podemos ser atractivos. Nuestra vida puede hacer la diferencia y afectar las generaciones futuras.

Deja de lado este libro por unos momentos y cierra tus ojos. Levanta tus manos, y solamente ámalo porque Él te ama. Permite que Dios te rodee con sus brazos y te susurre al oído al decirte: «Siempre te he amado. Nada de lo que hagas puede hacer que te ame aún más de lo que te amo. ¡Estoy orgulloso de ti, eres maravilloso!».

Dile: «Padre, llena mi corazón con tu amor. Lléname con tu amor hasta que desborde, para que pueda amar a mi familia y mostrar al mundo tu gloria».

John Burns es pastor a tiempo completo desde 1986, año que abandonó su próspero consultorio odontológico. Su congregación Victory Christian Centre, en Vancouver, Canadá, fue fundada en 1986 y actualmente es una importante iglesia familiar. John y su esposa Helen son anfitriones del programa televisivo "Family Success" (Éxito familiar) así como de un programa de radio. Actualmente viajan ministrando sobre temas matrimoniales y de familia alrededor del mundo.

www.familyvictory.com

Adora

Será llena la tierra

Letra y música: Juan Salinas
Interpretado por: Marco Barrientos
Proyecto: En ti (CanZion) y Más de ti (Leche y Miel)

Alza tus ojos y mira
La cosecha está lista
El tiempo ha llegado
La mies está madura.
Esfuérzate, sé valiente
Levántate y predica
A todas las naciones
Que Cristo es la vida.
Y será llena la tierra de su gloria
Se cubrirá como las aguas cubren la mar.
No, no hay otro nombre, dado a los hombres
Jesucristo, es el Señor.

Contempla
Los efectos de la gloria

«Danos semilla para que vivamos
y no muramos, y no sea asolada la tierra»
—Génesis 47:19

A LO LARGO de este recorrido por cada capítulo, el Señor nos ha mostrado el camino para resolver nuestro anhelo de ver su gloria. La semilla de su amor ha sido sembrada, y con ella el deseo de conocerlo. Decidimos preparar el suelo de nuestra vida para hacer crecer esa semilla que sembró en nosotros. Entonces surgió en nuestro interior el deseo de que Él abra nuestros ojos para poder ver a través de su mirada. Pero al hacerlo descubrimos que era necesario resolver la falta de perdón que aún había en nuestro corazón. Al llegar a ese lugar nos confrontamos con el quebrantamiento y las manos del Alfarero que restaura las vidas. Finalmente el corazón nuevo desea ver la gloria de su Creador y conocerlo en intimidad. Al lograrlo, nuestra vida cambia y comenzamos a reflejar su gloria.

Pero amigo, la semilla que Dios sembró debe dar

fruto. De nada serviría tenerla en nuestro corazón y no poder reproducirla. Para ello es necesario morir, así como muere la semilla para multiplicarse en miles de ellas que forman nuevas generaciones para expresar su amor y su búsqueda. Cada una de esas semillas deberá pasar por el mismo proceso hasta dar nuevamente fruto.

Entonces veremos que la tierra estará llena de su gloria, miles de semillas se abrirán a buscar de su presencia y gloria. Miles de ellas querrán ver su rostro, y juntas, en unidad, guiarán a otros en amor hacia el trono de la gracia.

Mira a tu alrededor, hay mucho terreno por sembrar. Cientos de vidas vacías y faltas de futuro. Necesitan que la semilla de su gloria y amor desciende sobre ellas. Para ello es necesario que nos unamos y que juntos podamos expandir el reflejo de nuestro Dios, que iluminemos los lugares oscuros esparciendo su gloria.

El conocido autor Tommy Tenney escribió en su libro «El equipo soñado por Dios» lo siguiente: «Unidad es gente que trabaja en armonía para alcanzar una meta común. Hombres y mujeres, niños y adolescentes, —generaciones entrelazando generaciones— que laboran juntos por una causa común. No todos realizamos el mismo trabajo, ni todos trabajan en el mismo lugar. No obstante, todos trabajan juntos. Así edificamos el equipo soñado por Dios».

Nunca debemos olvidar aquella hermosa oración de Jesús en la que dijo:

> «Mas no ruego solamente por éstos, sino también por los que han de creer en mí por la palabra de ellos, para que todos sean uno; como tú, oh Padre, en mí, y yo en ti, que también ellos sean uno en nosotros; para que el mundo crea que tú me enviaste»
>
> —*Juan 17:20-21*

La unidad es necesaria para que el mundo crea. Jesús sabía eso y por ello oró. Cuando el mundo vea que estamos unidos, ellos creerán, y entonces disfrutaremos al ver «la tierra llena de su gloria».

– Liz Edén

Reflexión

Reflexión

El anhelo por la gloria del Señor

ESTE LIBRO ES un tributo al carácter Dios, a la indescriptible gloria de su naturaleza, a su misericordia, bondad y disposición para perdonar. Es mi más sincero deseo que a través de las páginas que leíste hayas descubierto en tu interior un hambre renovado por su presencia y por conocerle como realmente Él es, un Dios tierno y misericordioso. Mi oración es que el brillo de su gloria te rodee y que nunca más vuelvas a ser el mismo.

Quiero concluir con tres pensamientos que nos servirán para enfocar nuestro corazón en la búsqueda de su gloria. Más que todo el oro de este mundo, más que todas las cosas creadas, somos valiosos para Dios. El corazón del Padre constantemente nos atrae con lazos de amor, pues anhela por sobre todo nuestra compañía.

1. Dios desea tu corazón

¿Puedes escuchar el anhelo del corazón del Padre hablando a tu espíritu? Él está diciéndote:

«Dame, hijo mío, tu corazón, y miren tus ojos por mis caminos».

—*Proverbios 23:26*

Dios desea tu corazón porque allí se encuentra el asiento de tus deseos. Si le permites inundar tu interior con su gloria, y cautivar los afectos de tu corazón con Su increíble bondad, serás atraído como nunca antes hacia Su presencia.

2. Dios tiene un celo santo por ti

Ciertamente, nuestro Dios es celoso, pues nos creó para Él y no para otro. Él desea ardientemente poseer nuestro espíritu con su fuego santo. Es por eso que el libro de Santiago declara:

> «¿O pensáis que la Escritura dice en vano: El Espíritu que él ha hecho morar en nosotros nos anhela celosamente?»
>
> —*Santiago 4:5*

Ese anhelo del Espíritu Santo en nuestro interior es una fuerza de gravedad espiritual que continuamente nos atrae hacia Él. Así como cada objeto sobre la faz de la tierra es atraído incesantemente por la fuerza de gravedad, de la misma manera nuestro espíritu es atraído hacia Dios. Lo único que tenemos que hacer es ceder a su deseo.

3. Dios da siempre el primer paso

Muchas veces hemos pensado que para encontrarnos con Dios debemos esforzarnos para demostrarle que somos sinceros en nuestra intención. Y si bien es cierto que es necesario que lo busquemos de todo nuestro corazón, es muy importante entender que es Él quien da siempre el primer paso hacia nosotros.

«¡La voz de mi amado! He aquí él viene saltando sobre los montes, brincando sobre los collados... Paloma mía, que estás en los agujeros de la peña, en lo escondido de escarpados parajes, muéstrame tu rostro, hazme oír tu voz; porque dulce es la voz tuya, y hermoso tu aspecto»

—*Cantares 2:8, 14*

¡Qué extraordinaria verdad! Dios toma la iniciativa en su relación con nosotros y da siempre el primer paso. Yo puedo acercarme a Él porque Él se acercó primero a mí. Yo puedo amarlo porque Él me amó primero. Yo puedo hablarle porque Él me habló primero.

— *Marco Barrientos*

¿Qué es Amistad Cristiana Internacional?

AMISTAD CRISTIANA INTERNACIONAL es un ministerio interdenominacional enfocado en la motivación, capacitación y desarrollo de la Iglesia hispana en toda la tierra. Sus oficinas principales están en Dallas, Texas, EUA.

Nuestros objetivos son:

- Llevar el mensaje del Evangelio a todas las naciones por medio de la enseñanza de los principios bíblicos, para que conozcan el corazón del PADRE, desarrollen una relación personal con JESUCRISTO y aprendan a ser sensibles al ESPÍRITU SANTO (Juan 17:3).

- Perfeccionar a los creyentes por medio de la capacitación personal en los modelos bíblicos de la alabanza, adoración, oración, lectura y meditación de la Palabra, entre otras, y sean aplicados a la vida del creyente, la familia, el liderazgo y la Iglesia (Ef. 4:11-16).

- Fomentar la unidad del Cuerpo de Cristo para que la gloria y el poder de Dios se manifiesten en la ministración de sanidad, liberación, renovación, y restauración de las naciones.

- Los congresos Aliento Del Cielo (ADC) y ELAM nacieron como una respuesta a la necesidad de traer renovación espiritual e instrucción al pueblo de Dios. Cada uno de estos dos congresos tiene propósitos bien definidos, enfocados hacia el mismo fin: ministrar e instruir al pueblo de Dios.

Los propósitos de ADC son:

- Inspirar el crecimiento espiritual con un modelo de devoción personal dinámico y práctico.

- Fomentar la unidad del Cuerpo de Cristo y la renovación espiritual en la presencia de Dios.

- Renovar las fuerzas y restaurar el alma a través de tiempos de ministración personal.

- Capacitar con enseñanzas prácticas que pueden ser aplicadas de inmediato para el desarrollo de ministerios llenos del poder del Espíritu Santo.

- ELAM no es una nueva fórmula musical; es una invitación a ser transformado por una intensa experiencia personal con Dios. El "Encuentro de Líderes, Adoradores y Músicos" nació como respuesta a la necesidad de la Iglesia de tener verdaderos adoradores. Es un desafío para que músicos y líderes de alabanza sean transformados por el poder de Dios.

- Dios está levantando una nueva generación de músicos y cantores que tiene un corazón limpio y motivaciones puras. Es una generación que:

- Ha dejado de usar la música para buscar su propia fama y reconocimiento.

- Es libre de la sensualidad y camina en pureza radical.

- Usa la música para traer liberación y sanidad, y no para el entretenimiento.

- Ya no vive para sí misma sino para la gloria de Dios.

Los objetivos de ELAM:

- Comprender las dinámicas del fluir del Espíritu en la adoración.
- Aceptar el compromiso de estar en sujeción y obediencia al pastor.
- Recibir una visión fresca del ministerio musical en la iglesia local.

Entender que la verdadera adoración es:

- un acto de obediencia a la Palabra de Dios
- una actitud de sumisión a la autoridad de Dios
- la decisión de rendirse a la voluntad de Dios

Para contactarnos, nos puede escribir o llamar a la siguiente dirección:

Centro Internacional Aliento
2500 E Arbrook Blvd.
Arlington, TX 76014
Tel. (214) 302-6580
www.aliento.org